초발심자를 위한

관세음보살 기도법

하 일 스님

초발심자를 위한

관세음보살 기도법

하 일 스님

솔과 학

머리말

 이 글은 제가 기도하면서 경험했던 것을 바탕으로 해서 썼습니다. 처음 기도하시는 분을 위해 조금이나마 도움이 됐으면 하는 바람에서 이 글을 쓰기로 마음먹었습니다.
 저도 기도를 그리 많이 한 편은 아닙니다 만은 제가 송광사 강원 다닐 때 어린 마음으로 순수하게 기도할 때가 제일 많이 저한테 힘이 됐고, 또 그 시절 순수하게 기도할 때의 그 마음이 제가 스님 생활하는데는 많은 도움을 주었습니다.

그러나 지금은 그때 그 시절에 순수하게 기도할 때의 그 마음이 좀처럼 나오지가 않습니다.
 그러므로 여러분도 처음 기도 할 때 가장 신심이 나고 기도가 잘 됩니다.
 처음 기도하고자 마음먹은 사람은 최선을 다해 죽을 각오를 하고, 한번 관세음보살님께 기도를 하시길 바라면서 미흡한 점 많지만 너그럽게 봐주시면 열심히 하겠습니다.

　　　　　　불기 2543년 5월 어느 날
　　　　　　적막한 산중에서 何一 삼가 씀

목 차

제1장 기도 시간표
· 시간표 작성/13

제2장 기도하는 방법
· 기도는 누가 뭐라 해도
간절한 마음 하나면 그만입니다/17
· 간절한 마음 있다고 해서
기도가 저절로 이루어지는 것은 아닙니다/22
· 기도하는 장소/28
· 기도를 할 때는 계율을 지켜라/30
· 요행수를 바라면서 기도하면 안됩니다/36
· 마치 도끼로 나무를 쓰러뜨리듯이 기도하십시오/41
· 법당에서 누가 불러도
뒤돌아 보지 말고 계속 기도하십시오/43
· 업이 많은 사람은 기도 성취가 느립니다/46
· 기도의 종류/52
· 관세음 보살님은 어떻게 우리에게
다가와 소원을 들어주시겠습니까/55
· 심청이 처럼 기도하면 됩니다/60
· 마지막 한 생각이 기도를 성취하게 합니다/64
· 남을 위해 기도하면 성취됩니까/66
· 둘이 하나 되는 원리/69
· 기도는 삼매에 빠져야 소원이 성취됩니다/73
· 기도를 열심히 하면 참선도 잘됩니다/79
· 기도는 현실에 맞게 해야 하며
허황된 꿈은 성취가 안됩니다/81

- 모든 것은 자연스럽게 해야 합니다/85
- 지장보살님께 영가천도 발원을 매일 하십시오/88
- 세월은 사람을 기다려 주지 않기에 젊고 힘이 있을 때 기도해야 합니다/92
- 신묘장구 대다라니 기도/96
- 마지막으로 당부 드리고 싶은 말/99
- 기도처에서 주의할 사항/101

제3장 보덕각시의 연기(관음보살의 영험록)
- 보타낙가산에서 온 보덕각시/105
- 신부 하나에 신랑이 수백 명/110
- 보문품을 일으켜서 오십 명 선발/114
- 금강경을 읽게 하여 열 명을 선택/118
- 법화경을 읽게 해서 마랑이 당선/121
- 신부의 변사와 금신보살상/124
- 회정대사의 천수기도/133
- 몰골옹과 해명방의 방문/136
- 보덕각시와 결혼치산/141
- 만폭동에서 재봉홀별/150

제4장 관음신앙의 역사
- 인도의 관음신앙/161
- 중국의 관음신앙/162
- 한국의 관음신앙/163

제5장 부록
- 신묘장구대다라니/167
- 관세음보살보문품 해석/169

제1장

기도 시간표

★★ 시간표 작성 ★★

오전

04 : 00 ~ 06 : 00 기상 및 기도
06 : 00 ~ 06 : 30 휴식
06 : 30 ~ 07 : 00 아침 식사
07 : 00 ~ 09 : 00 휴식 및 세면
09 : 00 ~ 11 : 00 기도
11 : 00 ~ 11 : 30 휴식
11 : 30 ~ 12 : 00 점심 식사

오후

12 : 00 ~ 02 : 00 휴식
02 : 00 ~ 04 : 00 기도
04 : 00 ~ 05 : 00 세면
05 : 00 ~ 07 : 00 휴식 및 저녁 식사
07 : 00 ~ 09 : 00 기도
09 : 00 ~ 10 : 00 휴식
10 : 00 ~ 04 : 00 취침(꿈나라)

월	화	수	목	금	토	일
1일	2일	3일	4일	5일	6일	7일

◇먼저 기도하기 전에. 좋은 날짜를 택하여 기도 시간표를 도표와 같이 그려서 책상 앞에 붙여 놓고 기도하면 쉽게 할 수 있습니다.

◇기도는 보통 칠일(7) 삼칠일(21) 백일기도가 있습니다. 자기 신심에 알맞게 기도를 적절하게 하시기 바랍니다. 처음에는 7일이나 21일 기도를 하고, 그 다음에 백일, 천일, 기도를 해 나가게 되면 무리 없이 할 수 있습니다. 7일 기도 같으면 5일을 넘기기가 어렵고 21일 같으면 7일을 넘기기가 어렵고, 100일기도 같으면 21일을 넘기기가 어렵다고 합니다. 신심 과 원력을 가지고 기도하면 좋은 성과가 있을 것입니다.

제2장

기도하는 방법

★★ 첫 번째 ★★

기도는 누가 뭐라 해도
간절한 마음 하나면 그만입니다

 간절한 마음에 대해서 설명을 해볼까 합니다. 기도는 자기가 무슨 바라는 소원이 있어서 하게 됩니다. 예를 들면 사업이 잘 안 된다던가, 몸이 아프다던가, 자기가 하고자 하는 일이 잘 안될 때, 관세음보살님께 빌어 보는 것입니다. 자기가 무슨 소원이 있는데 자기 뜻대로 잘 안될 때, 불보살님께 의지해서 기도를 하게 됩니다.
 소원을 다른 말로 하면 「원력」이라

고도 표현할 수 있습니다. 자기가 무슨 일을 해야겠다고 마음먹은 것, 그것이 곧 원력인 것입니다. 예컨대 내가 불쌍한 사람을 돕겠다던가 아니면 불교 병원을 세워 병든 이를 낫게 하겠다던가 하는 것이 다 자기의 원력인 것입니다. 그래서 스님들이 보통 하는 말이 "스님께서 한번 원력을 세워서 기도해 보십시오"하고 흔히들 말합니다.

여기에서 원력이 아주 중요합니다. 원력을 세워 기도하는 것도 남 보기 좋게 가식적으로 할 수 있고, 진실로 내 마음에서 우러나서 하는 것이 있습니다. 거짓으로 하면 아무리 기도해도 밑 빠진 독에 물 붓기의 형식에 불과한 것입니다. 그냥 허송 세월만 보내고, 결국 힘만 드는 것입니다.

기도를 할 때 진실로 내 마음에서 우러나서 간절하게 기도하게 되면 틀림없

기도하는 방법

이 불보살님의 가피를 받을 것입니다. 요즈음 세상은 거짓이 많은 세상이라 남을 속이고 남을 이용하면서 살아가는 물질만능주의 세상에 살고 있어서 진짜 자기 자신의 마음을 잃어버리고 살고 있습니다.

정말 여러분의 진실한 마음으로 한번 기도해 보십시오. 다른 세상이 있다는 것을 한번 느껴 보고 새로운 삶을 살아 갈 수도 있습니다.

요즈음 세상 살아가기가 얼마나 어렵습니까? 이렇게 어려울 때 기도를 하는 것이 가장 잘 되는 것입니다. 어려울 때 지푸라기도 잡을 심정으로 관세음보살님께 정성스러운 마음으로 기도를 해 보십시오. 틀림없이 좋은 일이 있을 것입니다. 요즈음은 경제위기(IMF)를 맞아 실직자가 참 많습니다. 그 많은 사람들이 절에 와서 기도를 했으면 하는 생각입니다.

우리나라 절이 얼마나 많이 있습니까? 절에 와서 절 일도 도움고, 기도도 하고 그러면 얼마나 좋겠습니까. 우리가 70년대, 80년대, 90년대 들어서면서 앞만 보고 달려왔습니다. 어느 것이 진짜인지 어느 것이 가짜인지 도무지 모른 채 하루하루를 허덕이면서 살아가고 있습니다. 이렇게 허덕이고 살아가고 있어서 사회는 점점 어두워져서 남의 것을 빼앗고, 남을 속이고 싸우고 하는 것입니다. 과연 우리가 지금 어디서 왔다가 어디로 가고 있는 것인지, 정말로 안타깝습니다.

요즈음 TV를 보면 정말로 안타까운 일이 많이 생기고 있습니다. 사업에 부도가 나서 가정 불화가 일어나는 일과 다른 한편으로는 물질만능주의로 인한 도덕과 윤리의 타락으로 인해 부조화 현상이 나타나고 있음을 볼 때 정말로 안타까운 마음, 우리를 슬프게 합니다. 스님은 이렇게 생각합니다. 정말로 죽을 용기가 있으면 그 용기를 되돌려서 기도를 한번 해보라고 말입니다. 슬픔이 기쁨으로 불행이 행복으로 바뀔 것입니다. 여러분이 만약에 죽을 용기가 있으면 무슨 일을 못하겠습니까. 그런 마음으로 불보살님께, 관세음보살님께 한번 기도해 보십시오.

그렇게 해서 기도가 안되면 될 때까지 7전8기로 하는 것입니다. 기도하다가 설사 죽게 되더라도 다르게 비참하게 죽는 것 보다 몇 천 배 나을 것입니다. 기도를 하다 죽으면 다음 생에는 기도를 하는 곳에 태어난다고 합니다. 그럼 또 기도를 하게 되니 얼마나 좋은 일 입니까. 그러므로 용기를 내어 한 번 진실 된 원력을 세워서 간절한 마음으로 소원을 빌어 보시길 바랍니다.

★★ 두 번째 ★★

간절한 마음 있다고 해서 기도가 저절로 이루어지는 것은 아닙니다

　간절한 마음이 얼마나 오래 지속되느냐가 문제입니다. 5분도 못돼서 헛생각(번뇌, 망상)이 일어나서 몸은 법당에 있고 마음은 이러 저리 밖으로 나가면 아무 소용이 없습니다. 한 생각이 순간적으로 백년이 가게 지속적으로 하는 것이 중요합니다. 보통 하루에 8시간씩 7일, 21일 기도를 하는 것이 좋습니다. 그런데 8시간씩 기도한다는 것이 정말 힘이 들

기도하는 방법

고 어렵습니다. 법당에서 기도를 하고 있으면, 정신은 집중이 잘 안되고 번뇌, 망상이 서울로 갔다, 미국으로 갔다, 술집으로 갔다 합니다. 여기에서 번뇌, 망상과 싸움이 시작되는 것입니다.

예를 들어 KBS 채널을 맞추려고 기도하면은 자꾸만 MBC 방송이 들어옵니다. 자기는 KBS 채널을 맞추려고 하면, 또 어느새 MBC 방송이 들어오고, 이렇게 계속 번뇌, 망상과 싸움을 시작하는 것입니다. 그래도 끝까지 반복적으로 계속 기도를 해야만 합니다. 생각이 일어나면, 될 수 있으면 그 생각에 따라가지 말고 마치 영화화면 속에 필름 돌아가듯이 그냥 내보내야 합니다. 영화를 볼 때 영화화면 속에 빠져들어서는 안됩니다. 마치 감독처럼 한 캇트 필름이 들어오면 그냥 흘러 보내듯이 말입니다. 영화 감독은 영화를 자기가 만들었기 때문에 어떤 경계에도 빠져들지 않습니다. 이렇게 반복적으로 계속 기도하다 보면, 이제는 자연스럽게 생각이 일어나면 일어난대로, 생각이 사라지면 사라진 대로 어떤 경계에도 빠져들지 않을 것입니다. 계속 반복적으로 해야 합니다. 하루에 8시간씩 7일 정도는 해야 합니다.

「관세음보살, 관세음보살」하면서 관세음보살님 명호에 초점을 맞추고 계속 「관세음보살, 관세음보살」기도를 하게 되면 또 망상이 들어옵니다. 망상이 들어오면 그냥 영화 필름 돌아가듯이 흘려보내고, 다시 관세음보살 염불을 하는 것입니다. 계속해서 지속적으로 관세음보살님 명호를 부르면서 정신을 한 군데 집중하는 것입니다. 마치 화살을 쏠 때 과녁에 대고 정신을 집중하듯이 화살을 힘껏 댕겨 정 중앙에 초점을 맞추고, 초점이 안 맞혀지면 다시 초점을 맞추듯이 하면서 계속 정신을 집중하는 것입니다. 이렇게 해서 간절하게 정신을 집중하다 보면 기도는 저절로 잘되게 되어 있습니다.

앞에서도 말했듯이 기도는 얼마나 간절한 마음이 오래 지속되느냐가 문제입니다. 가령 하루에 두시간 정도 기도하고 나머지 시간은 다른데 신경을 써버리면 그 만큼 정신이 흩어져 기도가 되지 않습니다. 앞에서 말했듯이 밑 빠진 독에 물 붓기입니다.

7일 동안은 닭이 알을 품듯이 하고, 기도를 한번하면 두시간씩 하고, 기도가 끝나면 곧 바로 방에 와서 휴식을 취하고, 또 법당에 들어가고 하는 방법으로 하고 절대로 밖으로 나간다던가 하면 안됩니다. 기도 외에는 신문도 보면 안되고, TV두 보면 안됩니다. 신문이나 TV를 보면 그 만큼 정신을 빼앗기게 되므로 정신이 소모되는 것입니다. 법당하고 화장실, 세면장, 자기 방 외엔 일체 다른 처소에 될 수 있으면 가면 안됩니다. 기도 중일 때는 다른 사람과 대화나 면회를 해서도 안됩니다. 7일 동안 어떠한 일이 있어도 참고 견디어 이겨내야 합니다.

기도를 하게 되면 이상하게도 자꾸만 주위에서 놀러 가자고 하고, 맛이 있는 것 먹으로 가자 하고, TV도 보고 싶고 신문도 보고 싶고, 평상시에는 별로 관심을 안 가지던 일이 자꾸 나를 방해하게 합니다. 그래도 어떤 일이 있어도 모든 장애를 극복해서 이겨내야 합니다. 기도를 하루에 8시간씩 하게 되면 처음은 누구나 2,3일은 따라 합니다. 그러나 5,6일이 되면 그때부터 온몸이 쑤시고, 몸도 아프고, 팔도 아프고 합니다. 그래도 모든 것을 참고 이겨내야만 합니다.

한번 7일 기도를 해서 기도를 원만히

회향하면 기분이 뿌듯하실 것입니다. 뭔가 할 수 있다는 용기도 생기고 자부심도 생길 것입니다. 기도는 처음 시작할 때가 제일 힘이 듭니다. 그러나 몇 번하고 나면 누구나 쉽게 할 수 있는 것이 기도입니다. 기도는 앞에서도 말했듯이 얼마나 간절한 마음이 오래 지속하느냐가 문제입니다. 여러분이 정말로 진실하게 기도하신 분이라면 7일이 하루 가는 것처럼 짧게 느껴질 것입니다. 그렇지 않은 분은 7일이 70일 가는 것처럼 지루하고 힘들게 느껴지실 것입니다. 정말로 진실하게 신심을 내서 기도를 한번 해 보시길 발원합니다. 여러분의 소원이 하나하나 다 이루어져서 불행이 행복으로 바뀔 것입니다.

★★ 세 번째 ★★

기도하는 장소

기도하는 장소는 집에서 하든, 절에서 하든 아무 관계가 없습니다. 그러나 집에서 기도를 하게 되게 되면 시끄러워서 정신이 잘 집중이 안됩니다. 그러므로 정신 집중이 잘되는 곳이 좋습니다. 자기 집이 만약에 조용한 곳이어서 정신 집중이 잘되면 집에서 하는 것이 좋고, 그렇지 않으면 절에서 하는 것이 좋습니다. 중요한 것은 내가 얼마나 간절한 마음과 진실 된 마음으로 기도를 하느냐가 문제입니다.

여러분이 신심과 원력이 있으면 무슨 장소가 문제이겠습니까. 그러나 근기가 하근기인 사람은 장소가 아주 중요합니다. 기도하는 장소가 어지럽고, 시끄럽고 산란하면 집중력이 그만큼 떨어지게 되어 있습니다. 기도할 때 아무도 오지 않은 절에서 혼자서 조용히 하기를 권합니다.

혼자서 기도를 하면 그 만큼 내 자신과의 싸움에서 내근기도 실험할 수 있고 진정한 나만의 시간을 가질 수 있어서 좋습니다. 그러나 여러 사람이 있는 곳에서 기도하게 되면 그 만큼 남들 눈을 의식하게 되고, 남들과 비교하는 마음이 생겨서 진짜 기도가 안될 때도 있습니다.

★★ 네 번째 ★★

기도를 할 때는
계율을 지켜라

 기도를 할 때는 계율을 지켜야 합니다. 살생을 한다던가, 음행을 한다던가, 도둑질을 한다던가, 술을 먹는다던가, 거짓말을 한다던가, 정신을 흐리게 하는 모든 요소가 기도를 하는데 장애가 됩니다. 음식도 적당히 먹어야 하고, 냄새가 심하게 나는 파, 마늘도 먹지 말아야 하며, 담배도 피우지 말고 기도를 해야 합니다. 음식을 함부로 먹고 폭식을 하고 기도하면 그 만큼 음식을 소화하느라 에너지가 소비됩니다.

그래서 적당량과 적당한 운동으로 몸을 건강하게 하면서 기도를 해야 합니다. 기도를 할 때는 힘이 많이 들기 때문에 잘 먹어 줘야 합니다. 여기에서 잘 먹어 줘야 한다는 것은 음식을 많이 먹는 것이 아니라 영양 섭취를 골고루 하면서 몸을 튼튼하게 하고 기도를 해야 그만큼 정신 집중이 잘됩니다. 계율을 어기면서 기도하면 아무 소용이 없습니다. 계율을 어기면서 기도하면 앞에서 말했듯이 밑 빠진 독에 물 붓기처럼 물을 가득 채울 수 없습니다. 하루하루 물을 항아리에 가득 채우듯이 간절한 마음으로 하루하루 기도하다 보면 어느새 항아리에 물이 가득 차서 기도를 빨리 성취할 수 있습니다.

우리의 정신세계도 이와 비슷합니다. 생각을 모으면 모을 수가 있습니다. 마치 항아리에 물을 가득 채우듯이 하루 하루의 생각을 집중해 모으면 마음이 모아져서 기도를 빨리 성취할 수 있는 것입니다. 그러나 조금하다가 게으름을 피우면 아무리해도 기도는 이루어지기 어렵습니다. 게으르게 기도를 해도 안 하는 사람보다 낫습니다.

그러나 한번 마음을 먹으면 굳은 신심과 믿음으로 최선을 다해야 합니다. 어떨 때는 목숨을 걸고 기도를 해도 성취하기란 어려운 일인데 게으름을 피우면 서 기도 성취하기란 어렵습니다.

앞에서 제가 기도시간을 8시간으로 정했는데 자기가 정신이 건강하고 몸이 건강하면 10시간, 12시간, 24시간 기도를 해도 좋습니다. 7일 동안 지속적으로 관세음보살님 명호를 간절하게 부르기만 하면 기도는 성취될 수 있습니다.

앞에서도 말했듯이 관세음보살 명호를

부를 때 주의할 점은 지속적으로 관세음보살 명호를 부르고 있으면 자기도 모르는 사이에 헛생각(번뇌, 망상)이 들어올 때가 있습니다. 헛생각이 들어오면 영화 필름 보듯이 그냥 내보내고 다시 관세음보살님께 초점을 맞추면서 기도를 해야 합니다.

사람이 1초에 생각이 800번에서 900번 일어났다 사라졌다 한답니다. 그 많은 생각들을 다 볼 수는 없어도 관세음보살님 기도할 때만큼은 내가 지금 헛생각(번뇌, 망상)이 들어오는지 나가는 지를 알아야 합니다. 기도는 정신 바짝 차리고 해야 합니다. 흐릿흐릿한 마음으로 기도하면 기도 성취하기란 어렵습니다.

다시 말하면 영화필름이 1초에 800번, 900번 돌아갈 때 그때 한 생각하는 것이 내 생각하고 맞으면 그것이 인연되어 행동을 하게 됩니다. 이 몸은 자동차와 같은 것입니다. 자동차안에서 운전하는 사람이 어디로 갈까 생각하면서 운전하는 사람 마음에 따라서 자동차가 가듯이, 우리의 몸도 안에서 조정하는 마음이라는 것이 있습니다. 우리는 생각이 너무 빨리 일어나니까 모르는 것입니다. 그 많은 생각들 속에 나와 인연이 맞으면 행동으로 옮기고, 눈으로 보고, 느끼고, 귀로 듣고 코로 냄새 맡고, 혀로 맛을 보고, 피부로 부드러움을 느끼는 것입니다.

우리는 지금 눈에 노예가 되고, 코에 노예가 되고, 귀에 노예가 되고, 혀에 노예가 되고, 피부에 노예가 되어서 우리의 진짜 마음을 흐려지게 합니다. 우리의 마음은 눈이 없어도 볼 수 있는 것이고, 코가 없어도 냄새를 맡을 수 있는 것이고, 귀가 없어도 소리를 들을 수 있는 것이고, 혀가 없어도 맛을 볼 수 있는 것이고, 피부가 없어도 부드러움을 느낄 수 있는 것입니다. 다만 우리의 육체는 자동차와 같이 사용하는 것입니다. 자동차가 오래되면 폐차가 되듯이, 이 몸이 다 되면 늙고, 병들어 죽게 되는 것입니다.

그러나 죽지 않은 것이 있습니다. 그것은 우리의 진실 된 마음입니다. 마음에도 진짜가 있고 가짜가 있습니다. 우리가 만약에 이 몸이 죽으면 가짜는 다 사라지고 진짜만 남게 됩니다. 그러므로 가짜에 노예가 되어서 살아가면 안됩니다. 하루빨리 진짜 나를 찾아서 지혜로운 삶으로 죽지 않는 저 언덕의 길로 가길 간절히 발원합니다.

★★ 다섯 번째 ★★

요행수를 바라면서 기도하면 안됩니다

 나무꾼 이야기를 하겠습니다. 옛날에 착실한 나무꾼이 도끼로 나무를 찍다가 도끼 자루가 부러져서 도끼가 연못에 빠졌는데 갑자기 산신령이 연못에 나타나 금도끼를 보여주면서 하는 말이 "금도끼가 네 것이냐?"하니 정중하게 "아닙니다"하고 나무꾼이 대답하였습니다.

 이번엔 또 은 도끼를 보여주면서 "은도끼가 네 것이냐?"하고 산신령이 그러니까 "아닙니다"하고 나무꾼이 대답하였

기도하는 방법

습니다.

이때 또 산신령이 "그럼 쇠로 된 도끼가 네 것이냐?" 그러니까 착실한 나무꾼이 "예. 쇠로 된 도끼가 제것입니다." 하고 대답하였습니다. 그래서 산신령이 하는 말이 "너는 마음이 진실 되고 착실해서 내가 금도끼하고 은 도끼를 다 주겠다" 그래서 나무꾼이 부자가 된 이야기가 있습니다.

여기에서 나무꾼이 부자가 됐다는 소리를 듣고 옆집에 사는 욕심 많은 나무꾼이 연못에 가서 억지로 쇠도끼를 빠뜨렸습니다.

이번에도 산신령이 나타나 하는 말이 "금도끼가 네 것이냐?" 그러니까 나쁜 나무꾼이 "예, 금도끼가 제것입니다."하고 대답하였습니다. 또 이번에는 "은 도끼가 네 것이냐?"하고 산신령이 그러니까 "예"하고 나쁜 나무꾼이 거짓말을 했습니다. 이에 산신령이 거짓말하는 나쁜 나무꾼을 보고 화가 나서 욕심 많은 나무꾼에게 벌을 주었다는 이야기가 있습니다.

기도도 마찬가지입니다. 어떤 일이 있어도 진실로 기도를 해야 됩니다. 처음에 내가 소원이 소박하고 아주 적은 것인데 욕심이 생겨서 처음하고 다르게 거짓으로 욕심을 부리면, 아무리 기도해도 되지가 않습니다. 그러므로 초지일관(初志一觀)해야 됩니다. 처음에 원력을 세웠던 대로 그대로만 진실 되게 기도하면 소원을 성취할 수 있습니다.

그러나 기도를 하면 자꾸만 실험을 합니다. 저 사람이 진실로 기도하는지 거짓으로 기도하는지 말입니다. 앞에서 말했듯이 진실로 기도를 하면 7일만에 기도를 성취할 수 있고 그렇지 못하면 7일도 못 가서 괜히 고생만 하게 되어 있습니다. 그러므로 괜히 요행수를 바라면서 기도를 하게 되면 안됩니다. 진실로 기도를 한 자에게 가난한 자가 부자가 될 수 있고, 거짓으로 하면 그 만큼 벌을 받게 되어 있습니다.

그래서 처음부터 간절한 마음이 나오지 않으면 마지막까지 기도를 마치기란 어렵고, 기도 성취하기란 어렵습니다. 앞에서도 말했듯이 간절한 마음이란, 진실된 마음, 지푸라기라도 잡을 심정으로 기도하고 애 타는 마음으로 기도하면 거의 90%는 1차 관문에 통과합니다.

2차 관문은 지속적으로 하는 것입니다. 3차 관문은 죽을 고비가 와도 당당하게 처음에 세웠던 진실한 마음이 변하지 않고 꾸준히 나아가는 것입니다. 어떤 경계가 와도 말입니다.

그러나 마지막 3차 관문에 100명이면 5명이 들어갈까 말까 나머지는 정말 어렵습니다. 그렇게 어렵게 기도해야 만이 기도가 또 이루어지는 것입니다. 이 험난한 길을 그래도 가야만 됩니다. 주저하지 말고 용기를 내서 기도하시길 발원합니다.

★★ 여섯 번째 ★★

마치 도끼로 나무를 쓰러뜨리듯이 기도하십시오

 기도를 할 때에는 한군데를 집중적으로 정신을 집중해야만 합니다. 마치 도끼로 나무를 쓰러뜨리듯이 기도를 해야 합니다. 한 군데 집중적으로 도끼질하면 아무리 큰 나무도 무너지게 되어 있습니다. 조금씩, 조금씩 천천히 기도를 해야 합니다.

 우리 생각도 마찬가지입니다. 한군데만 정신을 집중해야 만이 기도를 성취할 수 있습니다. 그런데 보통 사람들은 욕심이 많아서 그렇게 잘 되지가 않습니다.

그리고 우리가 기도를 할 때 만약에 사업이 부도가 난 사람이 기도를 하게 되면 이렇게 기도를 합니다. "관세음보살님, 내 사업 잘 되게 해주세요. 관세음보살님 내 사업 잘 되게 해주세요."하고 기도하는 사람이 있습니다.

그러나 그렇게 말 안 해도 우리의 잠재의식 속에서 잠재되었던 생각이 저절로 나와서 자기가 처음 세웠던 소원이 발원됩니다. 오로지 관세음 보살 명 호만 열심히 부르면서 잡념에 빼앗기지 말고 지속적으로 관세음보살님 명 호만 부르면 되는 것입니다. 입으로 부르지 말고 마음으로 간절하게 기도를 해야 합니다.

★★ 일곱 번째 ★★

법당에서 누가 불러도
뒤돌아보지 말고
계속 기도하십시오

우리가 처음 기도 할 때 원력의 힘이 약하면 자꾸만 게으름을 피우게 되어 있습니다.

우리가 가식적으로 기도를 하게 되면 법당에서 기도할 때 옆에서 기도하는 사람들의 소리가 거슬리고, 뒤에서 기도하는 사람들 소리가 거슬리고, 온 몸은 가렵고 목은 마르고, 팔, 다리는 아프고 힙니다.

그러나 정말로 원력의 힘이 강하고 진실한 마음으로 일념에 빠지면 옆에서 무슨 소리를 하던, 자신의 몸이 가렵던, 뒤에서 무슨 소리를 하던 아무런 관계가 없습니다.

정말로 집중이 잘 되어서 삼매에 빠지면 누가 옆에서 뭐라고 해도 아무런 소리가 안 들립니다.

그런데 보통 사람들은 그렇게 잘 되지가 않습니다. 망상에 사로잡혀서 기도하고, 기도하는 방법도 모르니까. 옆에서 누가 부르면 그냥 그 쪽으로 마음이 가게 되어 있습니다.

기도할 때는 절대로 누가 뭐라 해도 마음이 움직이면 안됩니다. 설사 뒤에서 누가 나를 건드려도 거기에 신경 쓰지 말고 꾸준히 기도 해야 합니다.

기도는 하면 할수록 힘이 생기는 것입니다. 기도는 처음에 아무것도 모르고 시작할 때가 가장 잘됩니다.

  그러므로 혹시 기도를 한번 해야겠다고 생각하면 처음에 최선을 다하여 기도해 보시길 바랍니다. 많은 도움이 될 것입니다.

★★ 여덟 번째 ★★

업이 많은 사람은
기도 성취가 느립니다

 여기에서 업이란 무엇인가? 먼저 업은 우리 마음의 검은 그림자입니다. 예를 들어 우리가 남몰래 나쁜 일을 하게 되면, 남들은 모른다고 하여도 자기 자신은 알고 있어 죄의식을 느낍니다. 마찬가지로 업이란 우리 잠재의식 속에 남아 있게 되어 사라지지 않습니다.
 마치 자신이 필요한 정보를 컴퓨터에 저장하듯이 남아 있게 되는 것입니다. 나쁜 죄를 많이 지으면 나쁜 업이 남고, 좋

기도하는 방법

은 일을 많이 하면 좋은 업이 남게 되는 것입니다.

그러면 우리가 전생을 알고자 하면 어떤 것이 전생인가? 그것은 지금 현재 내가 받고 있는 것이 전생입니다. 그러면 후생을 알고자 하면 어떤 것이 후생인가? 그것도 지금 내가 하고 있는 일이 후생에 그대로 전달되어 후생에 그대로 받는 것이 후생입니다. 다시 말하면 콩 심은 데 콩 나고, 팥 심은 데 팥 나는 원리입니다. 여러분이 아무리 아니다 하더라도 이 불변의 원칙은 속일 수가 없는 것입니다.

그래서 전생에 내가 만약 도둑질을 많이 하고 남을 많이 속이고 살았다면 금생에 그것을 그대로 받는 것입니다. 자꾸만 남이 나의 물건을 도둑질 해 가고, 자꾸만 남이 나를 속이려 든다면 그것들이 다 전생에 내가 지은 업 때문에 그대로 받게 되는 것입니다. 만약에 선한 업을 많이 지은 사람이라면, 남이 나를 도와주고, 남에게 속임도 당하지 않을 것입니다.

그래서 선한 업을 많이 심은 사람은 기도 성취가 빠를 것이고, 나쁜 업을 많이 지은 사람은 기도 성취가 늦을 것입니다. 그러면 업을 어떻게 제거해야 하는가. 업을 제거하는 방법에는 참회하는 것이 가장 좋습니다.

전생에 지은 업을 참회하는 것입니다. 그런데 업이 그렇게 쉽게 참회를 했다고 해서 없어지는 것이 아닙니다. 우리 생활 습관도 마찬가지로 하루아침에 고치기가 힘들듯이 업이란 그리 쉽게 녹는 것이 아닙니다.

이런 말이 있습니다. 만약에 내가 30년 동안 생활해 온 나쁜 성격을 고치려면 30년이란 세월이 걸리고, 40년 동안 생활해 온 나쁜 습관을 고치려면 40년이란 세월이 걸린다는 말이 있습니다. 이렇게 우리의 업습이란 자기가 진정으로 참회하지 않는 한 그리 쉽게 없어지질 않습니다.

우리가 자기 자식의 나쁜 습관도 고치기가 어려운데 하물며 주위에 나쁜 사람이 있다고 해서 나쁜 습관을 고치려고 하면 그 사람이 말을 듣겠습니까. 괜히 싸움만 일어날것입니다.

그래서 제일 좋은 방법은 그 사람이 스스로 뉘우치는 것이 제일 좋습니다. 이렇듯이 우리의 업은 무섭습니다. 그래도 업장을 녹이기 위해서 기도하고 참회하고 그러면 점점 나쁜 업은 없어지고 선한 업이 남게 되어 정말로 내가 원하는 소원들이 모두다 이루어 질 것입니다.

그럼 왜 업이 많으면 소원이 안 이루어지는가? 우리의 정신은 맑으면 맑을수록 기도가 잘되는 것입니다. 정신이 맑으면 내가 무엇을 해야겠다고 마음을 먹으면 그 일이 아무 장애가 없이 쉽게 이루어지는 것입니다. 그러나 업이 많아서 생각이 많고, 정신이 흐리면 장애가 많고, 무슨 일이 뜻대로 잘 안 되는 것입니다.

그것은 내가 전생에 지은 나쁜 업이 많이 있기 때문입니다. 우리의 정신세계는 마치 파도 물결치는 것과 같습니다. 처음에는 온갖 생각으로 내가 지금 무슨 생각을 하고 있는지도 모르게 생각이 어지럽게 일어나고 사라지다가 마음을 조금씩 가라앉히고 안정시키면서 호흡에다 생각을 맞추고 있으면 파도치는 어지러운 생각은 사라지고, 마음은 고요하게 되어 있습니다.

마음이 고요하면은 어지럽고 산란했던 생각도 점점 옅어져서 어느 순간에 내 마음은 깨끗하게 될 것입니다. 마치 파도

물결이 어지럽게 치다가 조용해지면 바다 밑이 훤히 들여다보이듯이, 우리 마음도 마찬가지입니다.

　기도를 열심히 하다 보면 자기도 모르는 사이에 검은 업은 점점 없어지고 깨끗한 마음이 남아서 자기가 하고자 하는 일이 순조롭게 되는 것입니다. 그러므로 평상시에도 열심히 기도해서 검은 업을 녹이고 깨끗한 마음으로 살아가면 좋은 일이 많이 생길 것입니다.

★★ 아홉 번째 ★★

기도의 종류

 기도의 종류에는 여러 가지가 있습니다. 신묘장구대다라니를 한다던가, 능엄신주를 한다던가, 이런 기도를 주력이 합니다. 우리 근래의 큰스님이신 성철 큰스님도 능엄신주를 하셨고, 수월스님도 신묘장구 대다라니를 해서 기도 성취하신 분입니다. 그 이외에도 기도를 성취해서 큰스님 되신 분이 많이 있습니다.
 그러므로 기도를 열심히 하면 그 기도의 힘을 받아서 큰스님도 되고, 큰 불사도 하고 그런 것입니다. 우리가 꼭 불사를 하기 위해서, 큰스님이 되기 위해서 기도를 하는 것은 아닙니다 그래도 기도에 힘을 얻으면 정말로 큰 일을 많이 할 수 있습니다.

기도에는 금강경을 독송한다던가 반야심경을 독송한다던가 등등 부처님 경전을 독송하는 것도 있고, 몸이 아플 때 하는 약사 여래불 기도, 영가 천도를 위해서 하는 지장보살님 기도, 나한 기도, 산신 기도, 여러 종류가 많이 있습니다.

참고로 우리나라 기도 처를 적어 보겠습니다.

『관음기도 도량으로는 강화 보문사, 남해 보리암, 속초 홍련암, 여수 향일암, 설악산 오세암, 부산 해동 용궁사 등이 있습니다. 대표적인 5대 적멸보궁으로는 영축산 **통**도사, 오대산 상원사, 설악산 봉정암 영월 법흥사, 태백산 정암사가 있습니다.

지장기도 도량으로는 철원 심원사, 보성 대원사, 고창 도솔암, 남해 용문사, 합천 길상암, 서산 개심사 등이 있습니다. 나한 기도 도량은 관악산 연주암, 영천 거조암, 청도 운문사 사리암, 팔공산 진불암 등이 있습니다. 약사 여래불기도로는 팔공산 갓바위, 경산 불굴사, 구미 금오산 약사암 등이 있습니다. 미륵 기도 도량으로는 화순 운주사, 논산 관촉사, 보은 법주사, 고창 선운사 등 이 있습니다.』

그밖에도, 우리가 몰라서 그렇지, 찾아보면 우리가 기도할 수 있는 도량은 많이 있습니다.

★★ 열 번째 ★★

관세음보살님은
어떻게 우리에게 다가와
소원을 들어주시겠습니까

  관세음보살 보문품에 이런 말이 나옵니다.
  『중생이 여러 가지 괴로움을 받을 때에 관세음보살의 이름을 듣고, 한 마음으로 그 이름을 부르면 관세음보살은 즉시 그 음성을 듣고 모두 해탈을 얻게 하나니라. 만약 관세음보살의 이름을 지니는 사람은 가령 큰 불 속에 들어가더라도 불타지 않을 것이니 이것은 관세음보살

위신력 때문이니라』

또 이런 대목이 나옵니다.

『만약 어떤 국토의 중생이 부처님 몸으로 나투어 제도할 사람은 관세음 보살이 부처님의 몸을 나투어 그를 위해 설법하고, 벽지 불의 몸으로 제도할 이는 벽지 불의 몸을 나투어 그를 위해 설법하며, 성문의 몸으로 제도할 이는 성문의 몸을 나투어 그를 위해 설법하고……』

위의 관세음보살님 보문 품에 나왔듯이 관세음 보살 님은 어떻게 우리에게 다가와 소원을 들어주는가? 먼저 관세음 보살님 화신에 대해서 말씀드리겠습니다. 화신 뜻은? 중생을 교화하기 위하여 여러 가지 형상으로 변화하여 나타나는 것을 화신이라 말합니다.

예를 들어 우리가 기도를 열심히 해서 잠이 들어 꿈을 꾸는데 꿈에 어머님이 나타나서 돈 봉투를 준다던가 아니면 아

기도하는 방법

버님이 나타나서 열쇠 꾸러미를 준다던가, 아니면 스님이 나타나 사과를 준다던가 하는 것이 다 관세음보살님 화신인 것입니다.

위에서 말했듯이 그 사람을 제도하기 위해서는 그 사람하고 가장 가까운 사람에게 변화해서 나타나는 것입니다. 그래서 관세음보살님은 그 사람 근기에 맞게 때로는 어린아이로, 때로는 어머님으로, 때로는 아버지로, 때로는 군인 아저씨로, 때로는 친구의 모습으로, 때로는 그 절의 주지스님으로 모습을 하고 우리에게 나타나서 소원을 들어주십니다. 이렇게 꿈속에서 가피를 내려 주는 것을 "몽중가피"라 합니다.

또 다른 방법으로 나타나기도 합니다. 예를 들어 꿈속이 아니고, 살아 있는 사람 몸에 직접 들어가서 그 사람 근기에 맡게끔 어머님 몸 속에 들어갈 수도 있고, 아버님 몸 속에 들어 갈 수도 있고, 어린아이 몸 속으로 들어갈 수도 있고, 그 절의 주지스님 몸 속으로 들어가서 소원을 들어주시곤 합니다.

그래서 기도를 하면은 누가 부처님인지, 누가 관세음보살님인지 구별하기가 힘이 듭니다. 그러나 분명한 것은 일심으로 기도하면 틀림없이 관세음보살님이 그 사람의 근기에 알맞은 화신의 모습으로 나타나 소원을 들어주신다는 것입니다. 이렇게 살아 있는 사람 몸 속에 들어가서 가피를 주는 것을 "현증가피"라 합니다.

그리고 "명훈가피"라 하는 것은, 항상 불보살님의 보호를 받으면서 사는 것을 말합니다. 명훈가피를 받으면 항상 불보살님이 지키고 있어서 일체 나쁜 일을 미리 막아 주고, 하고자 하는 모든 일이 아무 장애 없이 술술 풀리는 것을 말합니다. 그러므로 기도를 할 때 진실 되게 관세음보살님의 명호를 일심으로 부르면 관세음보살님이 그 사람 근기에 알맞게 화신의 모습으로 나타나 소원을 들어주실 것입니다.

★★ 열한 번째 ★★

심청이 처럼
기도하면 됩니다

심청이 가 아버지 눈을 뜨게 하기 위해서 원력을 세웁니다. 공양미 삼 백 석을 절에 시주하면 아버지 눈을 뜨게 할 수 있을 거라는 스님의 말에 효심이 깊은 심청이 는 진짜로 아버지 눈만 뜨게 할 수 있다면 인당수에 몸을 팔아 공양미 삼 백 석을 절에 시주하겠다고 말입니다.

여기에서 심청이 는 믿음과 원력이 강해서 인당수에 몸을 던져도 심청이 는 죽지를 않고 다시 인당수의 연꽃 속에 태어나게 됩니다.

만약에 심청이 가 원력이 약하고 가식적으로 기도하였다면 심청이 는 연못에 빠져 죽고 아버님 눈도 못 떴을 것입니다. 그러나 심청이 는 오로지 아버님 눈만 뜰 수 있게 할 수 있다면 인당수에 몸을 던져서라도 아버님 눈을 뜨게 하겠다고 말입니다.

기도도 이와 같이 해야 합니다. 죽을 각오로 하면 절대로 죽지 않습니다. 심청이 는 연꽃 속에 다시 태어나서 그 나라 왕자하고 결혼해서 왕비가 됩니다. 왕비가 되어서도 오로지 아버님 눈을 뜨게 하기 위하여 아버님을 매일 찾고자 눈물을 흘립니다.

여기에서도 만약 심청이 가 가식적으로 기도를 했다면 왕비가 되어서 아버님을 찾지도 않았을 것입니다.

그러나 심청이 는 오로지 아버님 눈을 뜨게 하기 위해 맹인 잔치를 벌여 결국에는 아버님 눈을 뜨게 합니다. 여기에서 심청이 는 기도를 성취하는 것입니다. 심청이 의 목적은 왕비가 되는 것이 아닙니다. 오로지 아버님 눈을 뜨게 하는 것이 목적입니다.

만약에 심청이 가 가식적으로 기도했다면 왕비도 안 되고 아버님 눈도 영원히 못 떴을 것입니다. 그러나 심청이 는 진실로 내 몸을 팔아서라도 아버님 눈을 뜨게 할 수 있다면 내 몸을 팔아 아버님 눈을 뜨게 하겠다고 합니다. 이와 같이 진실 되고 간절한 마음이 소원을 성취하게 합니다.

기도도 마찬가지입니다. 자기에게 무슨 원력이 있어서, 진실 되게 기도하면, 끝내는 소원이 이루어져 좋은 일이 생기는 것입니다. 여러분도 한 번 기도를 해

보시길 바랍니다. 스님께서 또 이렇게 말했다고 해서 "나도 왕비가 되고 싶어"하면서 왕비가 되려고 기도하면 아무리 기도해도 안됩니다.

왜냐하면 앞에서 말했듯이 욕심이 있으면 아무리 기도해도 안 되는 것입니다. 진실 되게 기도해야만 왕비도 되고 부귀영화도 누릴 수 있습니다.

★★ 열두 번째 ★★

마지막 한 생각이 기도를 성취하게 합니다

　앞에서도 말했듯이 처음에 진실 된 원력을 세워서 간절히 기도를 해야 합니다. 하루, 이틀, 사흘…… 이렇게 기도하다 보면 자기가 진실로 간절한 기도를 한 사람이라면 마지막에 경계가 나타나는 것입니다. 그 경계에서 싸워서 이기면 기도를 성취하는 것이고, 그렇지 못하면 기도는 성취될 수 없습니다.
　마지막 경계가 무엇이냐 하면은 그것은 바로 죽을 고비입니다. 우리가 죽을

기도하는 방법

때 한 생각하는 것이 그렇게 무섭습니다. 우리가 죽기 전에 한 생각하는 것이 현실로 나타나는 것입니다. 여기에서는 정말로 어렵습니다. 그러나 진실하게 원력을 세워 기도한다면 죽음이 나에게 무슨 장애가 되겠습니까. 어떤 경계가 와도 진실 앞에서 모두가 무너지게 되어 있습니다. 그러므로 여러분도 진실 된 원력을 세워서 기도를 한번 해 보시길 발원합니다.

★★ 열 세 번째 ★★

남을 위해 기도하면 성취됩니까

　제일 좋은 기도가 남을 위해 기도하는 것입니다. 위에서도 말했듯이 심청이가 아버지를 위해 기도하니까 결국은 자기가 왕비가 되었습니다. 그렇습니다.
　관세음보살님도 중생이 괴로움을 받을 적에 내가 그 음성을 듣고 모두다 고통에서 해탈하게 하리라 원력을 세웠습니다. 관세음보살님도 남을 위해 기도 해주니까 결국에는 관세음보살님도 되고, 또 관세음보살님이 되니까 그런 원력도 세우는 것입니다. 지장보살님도 마찬가지입니다. 내가 지옥 중생들 모두를 해탈케 하리라 하시면서 원력을 세우셨습니다. 그래서 우리는 영가 천도할 때 지장보살님을 지극 정성으로 부르는 것입니다. 지장보살님도 지극 정성으로 기도하면 관세음보살님과 같이 똑같이 가피를 주고 영가 천도도 되고, 자기에게도 복이 돌아오고 하는 것입니다.

부처님도 어리석은 중생을 구제하겠다고 원력을 세워서 중생들을 구제합니다. 그래서 우리가 구제를 받고 부처님을 존경하고, 그리고 부처님 되니까, 또 그런 원력도 세우는 것입니다. 모든 불보살님들이 똑같은 것은 원력을 세웠다는 것입니다. 보현보살님은 대행 보현보살님 입니다. 큰 실천 행을 하는 보살 님이시고, 문수보살님은 대지문수보살님 이시고, 어리석은 자에게 지혜를 주는 보살님 이십니다. 관세음보살님은 대비 관세음보살님이십니다. 큰 자비를 주시고, 지장보살님은 대원본존지장보살님이십니다. 큰 원을 세운 보살님이십니다. 이렇게 성인들은 저마다의 원력을 세워 모든 중생을 구제하시고 그리고 또 성인이 되니까 그런 원력을 세우는 것입니다.

만약에 성인이 되지 않았다면 그런 원력도 안 세우고 그렇게 우리가 존경하지 않을 것입니다. 그러나 성인이 되어 도(道)를 깨치니까 그런 원력도 세우는 것입니다. 여러분도 누구를 위해서 원력을 한번 세워 보시길 바랍니다. 그러면 이 사회는 아름다운 사회가 될 것입니다.

★★ 열네 번째 ★★

둘이 하나 되는 원리

　우리는 남을 위해 기도하면 결국은 그것이 자기에게 돌아온다는 것을 알았습니다. 만약에 내가 남을 위해 기도를 안 하고 반대로 남을 업신여기고 미워하면 결국은 자기가 업신여김을 당하고 미워함을 당하게 되어 있습니다. 여기에서 자세히 살펴보면 우리의 마음은 둘이 아니고 하나란 걸 알 수 있습니다. 남을 위해 기도하면은 결국은 내게로 복이 돌아오는 것입니다.
　우리의 몸뚱이는 제각기 다르지만 마

음은 언제나 하나 되어 같이 가는 것입니다. 내가 싫은 것은 남도 싫은 것이고 내가 좋으면 남도 좋은 것입니다. 우리가 길거리에 있는 거지를 보고 저 사람은 거지니까 내가 싫으면 저 사람은 거지니까 싫어하지 않을 꺼야 하지만 오히려 거지가 더 싫어합니다. 이 마음은 거지 갑부 따지질 않습니다. 누구나 다 똑같은 것입니다.

그래서 스님이 하고 싶은 말은 우리의 마음은 햇빛에 빛나는 햇살과 같은 것입니다. 어두움을 따뜻하게 비춰 주는 햇살 말입니다. 우리의 마음은 아무리 써도 써도 닳지 않습니다. 마치 햇빛에 빛나는 햇살과 같이 말입니다. 그런데 사람들은 마음을 굳게 닫아 자기 마음을 열지 못하고 있습니다. 마음을 열지 못하면 열지 못한 만큼 괴로워지는 것입니다.

우리가 남을 위해 축원해 주고 따뜻한

말 한마디 해주면 이 사회는 밝아지게 되고 극락이 될 것입니다. 그렇지 못하면 이 사회는 지옥이 되어서 서로 빼앗고 싸우는 사회가 될 것입니다. 극락 지옥이 따로 없습니다. 남을 위해 기도해 주고 베풀어주면 그것이 극락이고 남을 업신여기고 남의 것을 빼앗고 남을 속이고 그러면 그것이 바로 지옥인 것입니다.

한 예를 들겠습니다. 제가 어느 절에서 기도를 마치고 점심 공양을 하는데 밥이 모자랐습니다. 그런데 그때 제 앞에 노보살님이 계셨는데 그 노보살님이 공양을 안하고 저한테 자꾸만 양보하는 것입니다. 저도 노보살님께 양보를 했습니다. "노보살님 드십시오"하고 우리는 계속 주거니 받거니 했습니다.

그때 노보살님이 하는 말이 아주 명언이었습니다. "극락에 가니까 이렇게 서로 양보를 하더랍니다." 그 말에 많은 걸 깨우쳤습니다. 그렇습니다. 극락 세계는 서로 위해 주고 양보하는 곳은 극락이고 서로 업신여기고 양보도 안 해주고 서로 먼저 차지하려고 하면 지옥인 것입니다. 그래서 스님이 하고 싶은 말은 "마음은 둘이 아니고 하나라는 걸 깨달아서 남을 위해 기도 해주시길 바랍니다" 그러면 이사회는 밝아지고 아름다운 사회가 될 것입니다.

★★ 열 다섯 번째 ★★

기도는 삼매에 빠져야 소원이 성취됩니다

    간절한 마음으로 정신 집중을 지속적으로 하면서 기도하게 되면 삼매에 빠지게 됩니다. 그러면 어떻게 해야 삼매에 빠지는가? 먼저 기도를 하게 되면 번뇌, 망상(헛생각)이 떠오릅니다. 관세음보살님께 정신을 집중하는데 5분도 안돼서 마음이 집으로 갔다 서울로 갔다, 술집으로 갔다 합니다. 이때 헛생각이 일어날 때 절대로 번뇌, 망상에 매달려서는 안됩니다.

만약에 기도를 하다가 술집 생각이 나면 바로 내가 술집 생각을 하고 있다는 것을 알아차리고 바로 관세음보살님께 정신을 집중해야 합니다.

앞에서도 말했지만 화살을 쏠 때 화살을 힘껏 잡아당겨 과녁에 초점을 맞추려고 하는 것처럼 계속해서 초점을 맞추는 것입니다. 그러나 초점은 3분도 안돼서 빗나가고, 자꾸 옆으로 마음이 움직여집니다.

그래도 반복적으로 관세음보살님께 계속 초점을 맞추고 또 옆으로 빗나가면 또 관세음보살님께 초점을 맞추고 하면서 계속 기도를 해야 합니다. 마치 우리가 영화를 볼 때에 영화 감독처럼 화면에 어떤 장면이 떠올라도 영화 감독관은 절대로 마음이 움직이지 않는 것처럼 말입니다.

그러나 영화 감독관이 아니고 관객이

라면 관객들은 영화화면 속에 빠져 울고 웃고 했을 것입니다. 영화 관객처럼 울고, 웃고 하면은 번뇌, 망상에 노예가 되어 절대로 기도를 성취할 수 없습니다. 우리는 항상 기도를 할 때 마치 영화 감독관처럼 어떤 경계에도 끄달려서는 안 됩니다.

여기에서 영화감독을 고양이한테 비유하고, 영화 화면은 쥐한테 비유해 보겠습니다. 그러면 마치 고양이가 쥐를 잡듯이 계속 쥐구멍을 주시하는 것처럼 됩니다. 고양이는 쥐를 잡으려고 누가 뒤에서 건드려도 꼼짝도 안하고, 오로지 쥐를 잡겠다고 정신을 바짝 차리고 쥐구멍을 주시를 합니다. 기도도 이와 같이해야 기도가 됩니다.

만약에 고양이가 잠을 잔다던가 게으름을 피우면 쥐는 어느새 쥐구멍에서 나와 고양이를 잡아먹을 것입니다. 절대로 쥐한테 고양이가 잡아먹히는 일이 없도록 정신을 바짝 차려야만 번뇌, 망상에 끄달리지 않습니다. 이렇게 반복적으로 끊임없이 계속 지속적으로 기도해 나가면 자기도 모르는 사이에 삼매에 빠져 시간 가는 줄 모르게 기도를 할 수 있습니다. 이렇게 계속 끊어짐이 없이 하루, 이틀, 삼일, 사일, 오일 .... 기도하다 보면 경계가 나타납니다. 바로 이때가 기도가 성취되려고 실험을 하는 것입니다. 이때가 바로 죽을 고비입니다. 이때가 아주 중요합니다. 여기에서 진실과 거짓이 나누어집니다.

　진실로 기도한 사람이라면 기도가 성취 될 것이고, 거짓으로 기도한 사람이면 괜히 시간만 보내고 고생만 하게 되어 있습니다. 기도가 깊어지면 삼매에 빠지는데 삼매가 깊어지면 경계가 나타나게 됩니다.

그 경계가 바로 죽을 고비입니다. 죽을 고비를 넘길 때 한 생각하는 것이 바로 현실로 나타나 기도가 성취되는 것입니다. 죽을 고비를 넘길 때 하는 한 생각은 다시 처음으로 돌아가 보겠습니다. 그러면 내가 처음 진실한 원력을 세웠던 바로 그 생각이 되는 것입니다. 처음에 간절하고 진실한 마음이 나와서 기도를 시작하였기 때문에 마지막에 모든 경계와 장애를 물리치고 기도가 성취되는 것입니다. 그러므로 처음부터 간절하고 진실한 마음이 나오지 않으면 마지막 경계(죽음고비)에서 싸워 이기기란 정말 힘이 드는 것입니다. 그러므로 간절하고 진실한 마음으로 기도하는 자만이 죽을 고비를 넘길 수 있고 그리고 죽을 고비를 넘길 때 그 순간에 하는 한 생각이 현실로 나타나 소원을 이루는 것입니다.

만약에 이때에 사업이 안돼서 기도한

사람이면 사업이 잘 될 것이고 몸이 아파 기도한 사람이면 몸이 나을 것이고, 시험에 합격하려고 기도한 사람이면 시험에 합격할 것입니다.

아무튼 이런 경지에서는 안 되는 것이 없이 뜻대로 소원이 다 이루어지는 것입니다. 이런 삼매에 경지까지 갈려면 정말로 생각이 끊어짐이 없이 계속 정신 집중을 해야 만이 초인적인 힘이 생기는 것입니다. 정말로 이런 경지까지 가기란 힘이 듭니다.

그러나 앞에서 말했듯이 진실 하나만 밀고 나가면 어떤 죽을 고비가 와도 경계는 다 사라지게 되어 있습니다. 마치 심청이 가 아버지 눈을 뜨게 하기 위하여 일념으로 기도하듯이 말입니다. 여러분도 심청이 같은 효심, 깊은 마음으로 기도를 한 번 시작해 보십시오. 틀림없이 관세음보살님이 가피를 내려 소원을 들어 주실 것입니다.

★★ 열 여섯 번째 ★★

기도를 열심히 하면 참선도 잘됩니다

　기도를 열심히 하면 참선은 저절로 잘되게 되어 있습니다. 여러분도 만약 참선을 하고 싶은 마음이 있으면 먼저 기도부터 하고 참선을 하라고 권유해 드리고 싶습니다.
　옛날에는 우리나라가 기복 신앙이 되어서 정말로 부처님 바른 법을 잘 몰라 기도하는 법도 모르고, 그냥 기복에만 매달려 왔습니다.
　요즈음, 기도하는 방법에 대해서 많은

책들이 발행되고 있습니다. 한번씩 읽어 보시고 정말로 기도의 목적이 무엇이고, 관세음보살님이 어떤 분이시고, 부처님이 어떤 분이신 지 확실히 알고 정말로 기복에만 매달리지 마시고. 부처님의 바른 정법이 항상 머물기를 발원합니다.

★★ 열 일곱 번째 ★★

기도는 현실에 맞게 해야 하며 허황된 꿈은 성취가 안됩니다

　관세음보살님 보문품을 읽어보면 『중생이 여러 가지 괴로움을 받을 적에 관세음보살 이름을 듣고 관세음보살을 일심으로 부르면 곧바로 그 음성을 듣고 모두 고통에서 해탈을 얻게 하나니라』 하는 대목이 나옵니다.
　여기서 『중생이 여러 가지 괴로움을 받을 적에 관세음보살 이름을 듣고』라는 이 대목은, 현재 지금 우리가 괴로움을 받을 적에 말을 하는 것입니다. 괴로움도 없는데 괜히 남이 기도 성취해서 부자 됐다니까 나도 해야지 하면서 기도하면 절대로 안됩니다.

여기에서 괴로움은 아주 현실적이어야 하고 정말로 괴로울 때, 정말로 고통을 받을 때 관세음보살님을 일심으로 끊어짐이 없이 부르면 그 음성을 듣고 모두 다 고통에서 해탈을 얻게 하리라 했습니다. 여기서 그 음성은 우리의 입에서 그냥 부르는 음성이 아니고, 정말 간절하게 부르는 우리의 마음에 음성이어야만 관세음보살님이 곧바로 그 음성을 듣고 모두다 고통에서 해탈케 합니다.

요즈음 우리 사회가 얼마나 괴로워하는 일이 많고 고통스런 일이 많이 있습니까. 그런 사람이 있다면 정말로 간절하게 7일기도를 해 보십시오. 틀림없이 관세음보살님이 곧바로 그 음성을 듣고 고통에서 해탈케 하실 것입니다. 기도는 철저하게 믿음이 필요하고 진실이 필요합니다. 위의 말을 100%믿고 한번 시작해 보십시오. 100% 믿고 기도해도 우리는 업장이 많아서 50%도 성공하기가 힘이 듭니다. 그런데 믿지도 않고 기도하면 100%로 기도는 성취 될 수 없습니다.

그러므로 지금 현실적으로 괴로움을 받고 계신 분은 기도를 해 보십시오. 남이 고통을 받고 있어도 내가 기도를 해 줘도 기도가 성취됩니다. 앞에 말한 것처럼 남을 위한 기도가 성취되는 것입니다. 앞에서 말했듯이 남을 위한 기도는 내 마음을 깨우치는데는 최고로 좋은 기도입니다. 한번 용기를 내서 간절하게 기도를 시작해 보십시오. 틀림없이 관세음보살님이 곧바로 그 음성을 듣고 가피를 내려 주실 것입니다.

그리고 얼마나 간절하게 기도하느냐에 따라서 성취가 크고 작고는 기도하는 사람에게 따라 달려 있습니다. 간절함이 크면 클수록 가피는 크고, 간절함이 적으면 적을수록 그 만큼 가피는 적게 성취됩니다. 그러므로 내 목숨 다 걸고 기도를 해 보시길 바랍니다. 죽을 각오로 기도하면 절대로 죽지 않습니다. 그러나 어설프게 기도하면 마장만 끼어 잘못하면 헛된 환상에 사로잡혀 삿되게 되어 버릴 수도 있습니다. 그래서 철저한 믿음과 진실이 필요합니다.

★★ 열 여덟 번째 ★★

모든 것은 자연스럽게 해야 합니다

 원력도 자연스럽게 하고 내 마음에서 진실함이 우러나서 원력을 세워야만 됩니다. 억지로 하면 안 되는 것입니다. 기도도 마찬가지입니다. 마치 7층탑을 쌓아 올리는 것처럼 천천히, 천천히 쌓아 올라가야 합니다.

 그러나 하루아침에 쌓아 올리려면 그 탑은 쉽게 무너지게 되어 있습니다. 어렵고, 정성스럽게 쌓아올린 탑은 절대로 무너지지가 않습니다. 설사 무너진다 해도 다시 쌓아 올릴 수 있습니다. 우리 번뇌, 망상도 마찬가지입니다. 번뇌, 망상이 일어난다고 해서 그 번뇌, 망상을 쫓으려고 하면 절대로 살아 지질 않습니다. 자연스럽게 번뇌, 망상에 들어왔다는 것을 알아차리고 집착만 하지 않으면 번뇌, 망상은 사라지게 되어 있습니다.

기도 성취도 마찬가지입니다. 한번 기도해서 기도가 안 된다고 포기하지 마시고, 천천히 다시 시작하는 것입니다. 7일 기도 해서 안되면 21일하고, 21일해서 안되면 100일하고, 100일해서 안되면 1000일하고, 1000일해서 안되면 다음 생이라도 하는 것입니다. 앞에서 말했듯이 기도를 하다가 죽게 되면 다음 생은 틀림없이 기도를 할 수 있는데 태어나서 또 다시 기도를 하게 되어 있습니다.

사람은 어차피 죽게 되어 있습니다. 늙어서 죽든, 병들어 죽든, 사고나서 죽든, 전쟁이 나 죽든, 어차피 죽게 되어 있는데 늙어, 병들어, 사고나서 비참하게 죽는 것 보다 기도하다 참선하다 죽는다면 얼마나 좋겠습니까. 그러므로 기도를 항상 생활화해서 죽는 날 까지 기도를 열심히 하면 그 사람은 틀림없이 다음 생은 좋은데 태어날 것입니다. 그러므로 열심히 기도하시길 바랍니다.

★★열 아홉 번째★★

지장보살님께 영가천도 발원을 매일 하십시오

　지장보살님 기도법은 관세음보살 기도법하고 똑 같습니다. 다만 원력이 다를 뿐입니다. 지장보살님은 지옥중생을 구제하겠다는 원력을 세웠습니다. 관세음보살님은 세간의 고통을 내가 다 들어서 해탈케 하겠다는 원력을 세우신 분입니다.
　그리고 지장기도는 죽은 망자를 위해서 극락왕생을 발원하는 것입니다. 사람이 죽으면 49일만에 다른 몸을 받는다고 합니다. 7일에 한번씩 그 주기가 돌아오는데 49일 안에 모두 다른 세계로 간다고 합니다. 이때 영가를 위해서 부처님께 공양을 올리는 것입니다. 49재를 지낼 때는 보통 관음시식을 합니다. 그럼 관음시식이 무엇인가? 공부를 많이 한 스님이 관을 하는 것입니다. 영가의 형상을 관하고, 음식을 차려서 음식을 관해서 만들어 주고 부처님 법문을 들려줘서 극락 왕생하게 하는 방법입니다.

우리 불자님들은 49재 내용을 잘 모릅니다. 아무튼 49재 관음시식 내용은 잘 몰라도, 영가를 천도시켜야겠다고 마음먹고 지극 정성으로 지장보살님께 기도하면 영가님은 반드시 천도되고 살아 있는 사람은 하는 일이 뜻대로 잘 될 것입니다. 어찌 보면 49재는 죽은 망자를 위한 기도겠지만 사실은 살아 있는 사람에게 더 큰 이익을 줍니다.

앞에서 말했듯이 너와 내가 둘이 아닌

원리를 깨달아서 지극 정성으로 영가를 천도하면 그것이 내게 더 복을 받는 것입니다. 그러므로 지극 정성으로 영가 천도를 해 주시길 바랍니다. 내가 전생에 살생을 많이 했거나 혹시 집안에 원한을 품고 죽은 영가가 있으면 하루 빨리 원한을 풀고 죄를 참회해야 업장이 녹습니다. 영가의 장애로 병명도 없이 몸이 아프고, 하는 일이 잘 안될 때는 영가의 장애가 걸려서 안 될 때도 있습니다.

그러므로 항상 발원을 해줘야 합니다. 발원할 때는 다음과 같이하시길 바랍니다. 조용히 눈을 감고 합장하면서 『나 ○○○와 인연 있는 모든 영가시여 지장보살님께 귀의하여 극락왕생 하소서』하면서 계속 발원을 하면은 좋은 성과가 있을 것입니다. 예를 들어 본인 이름이 홍길동이라면 '나 홍길동이 와 인연 있는 모든 영가시여 지장보살님께 귀의하여 극락왕생 하소서'하면서 기도해야 합니다. 이 발원도 진실로 발원을 해야 합니다. 거짓으로 하면 안됩니다. 지극 정성으로 시간 날 때마다 발원을 해주면 좋은 성과가 있을 것입니다.

요즈음 자동차 사고로 사람이 많이 죽는데 자동차 사고로 죽으면 영가가 한이 맺혀 자동차에서 떠나지 않는다고 합니다. 그래서 한번 사고난 차량은 계속 사고난다고 합니다. 비행기도 마찬가지고 배도 마찬가지입니다. 이런 분은 하루 빨리 영가 천도를 시켜서 불행한 일이 없도록 하시길 바랍니다.

★★ 스무 번째 ★★

**세월은
사람을 기다려 주지 않기에
젊고 힘이 있을 때
기도해야 합니다**

 인생이 얼마나 짧은 세월인가를 부처님께서 하시는 말씀이 있습니다."우리의 인생은 마치 사람이 눈을 깜빡거릴 때 눈을 떠서 미처 감지 못하는 것과 같이 짧은 시간이다" 라고 하였습니다.
 우리는 100년이 길다 여기면 긴 세월이겠지만 짧다고 여기면 아주 짧은 시간입니다. 우리는 인생을 살아가고 있지만

기도하는 방법

어찌 보면 연극을 하고 살아가고 있는지 모릅니다. 마치 사회의 울타리 속에 그 나이, 지위와 명예와 권력에 맞게 마치 포장지를 쓰고 자기 자신을 포장하고 있는지도 모릅니다. 진짜 나를 잃어버리고 가짜 나에 속아서 꼭두각시처럼 살다 보면 무엇이 진짜이고 무엇이 가짜인지 모르고 그냥 늙어 가고 죽어 가고 있는 것입니다. 참 안타까운 일 입니다. 가짜로 포장해 온 모든 것은 내게 아무것도 도움이 안 됩니다. 가짜는 영원하지 않고 사라지는 것이니까요.

예를 들어 몸은 늙고 병들어 사라지는 것이고, 멋진 자동차도 오래되면 사라지는 것입니다. 화려한 집도 사라지는 것입니다. 아무리 좋은 걸로 포장해도 결국은 다 사라지는 것입니다. 그러나 사라지지 않는 것이 있습니다. 그것은 우리의 "진찌 나" 입니다. 마음에도 가짜가 있고 진짜가 있습니다. 가짜는 다 사라지고 진짜 나는 사라지지 않고 영원한 것입니다. 그럼 여러분은 가짜 나가 중요하겠습니까? 진짜 나가 중요하겠습니까?

우리는 진짜 나를 잃어버리고 가짜 나에 노예가 되어서 하루하루 살고 있습니다. 세월은 사람을 기다려 주질 않습니다. 이제라도 늦지 않았습니다. 영원히 죽지 않는 진짜 나를 찾고, 진짜 나와 숨쉬고 진짜 나와 함께 생활하시길 바랍니다. 그럼 가짜는 자연히 사라지게 되어 있습니다. 그럼 진짜 나를 어떻게 찾아야 되는가? 진짜 나를 찾는데는 여러 가지 방법이 있습니다.

예를 들어 참선을 한다던가 기도를 한다던가 부처님 경전 공부를 한다던가, 여러 가지가 있습니다. 진짜 나를 개발해야만이 우리는 늙고 병들고 죽음의 고통에서 벗어날 수 있습니다. 이런 말이 있습니다. 사람 몸 받기 어렵고 사람 몸 받아서 남자 몸 받기 어렵고, 남자 몸 받아서 부처님 법 만나기 어렵다고 말입니다. 저는 인연을 아주 소중히 생각합니다. 여러분이 이 글을 읽고 진짜 나를 찾는데 많은 도움이 됐다면 저는 이 글을 쓰고 보람을 느낄 것입니다. 부디 발원합니다. 영원한 것과 영원하지 않은 것을 확실히 구별하여 지혜로운 삶으로 영원하게 살아가길 말입니다.

신묘장구 대다라니 기도 법

 신묘장구 대다라니 기도는 관세음보살님 기도하고 같습니다.
 일명 대비주라고 합니다. 이 대비주를 할 때는 앞에 말했듯이 내게 무슨 원력이 있으면 기도를 하게 됩니다. 이 대비주도 관세음보살님 기도와 같이 생각이 끊어지면 안되고 처음부터 끝까지 계속 반복적으로 돌리면서 기도를 해야 합니다. 한 번 하는데 약 2, 3분 가량 걸립니다. 자칫하면 망상이 들어와 신묘장구대다라니 주력도 까먹고 기도도 안되고 합니다.
 그러므로 정신을 바짝 차리고 해야 합

기도하는 방법

니다. 신묘장구 대다라니를 한번하고, 두 번 하고, 세 번 하고, 계속 반복적으로 돌리면서 기도를 해야 합니다. 신묘장구 대다라니도 관세음보살님 기도와 같이 망상이 들어오면 그 망상에 끄달리지 말고 계속 정신 집중을 해야 합니다. 한시간 기도하면 한시간 내내 신묘장구 대다라니를 돌려야 합니다. 그런데 조금 하다가 보면 생각을 하지 않으려고 해도 생각이 일어나서 자꾸 망상을 피우게 됩니다. 그래도 계속 다라니를 해야 합니다.

이 다라니 기도는 2시간정도 하루에 8시간씩 7일을 해야 성과가 있습니다. 그런데 8시간씩 7일 동안 기도한다는 것이 정말 힘이 듭니다. 힘들어도 간절한 마음과 진실한 마음 하나면 7일이 하루 가는 것처럼 느껴집니다. 기도를 할 때 뒤에서 누가 뭐라 하든 옆에서 누가 뭐라 하든 신경 쓰지 말고 어떤 경계와도 다 물리

치겠다는 마음으로 기도를 해야 합니다.

  앞에서 제가 관세음보살님 기도 법에 다 말씀 드렸기 때문에 별 할말이 없습니다. 아무튼 신묘장구 대다라니를 하든 "옴마니반메훔"을 하든 반야심경을 하든 중요한 것은 간절한 **마음과 진실**입니다. 이 점을 잊지 마시고 하시는 기도가 잘 될 수 있도록 발원 드리겠습니다.『나무관세음보살』

마지막으로 당부하고 싶은 말

 기도를 하다 보면 신통이 나타날 수도 있습니다. 멀리 있는 일을 볼 수 있는 천안통, 멀리 있는 소리를 들을 수 있는 천이통, 다른 사람의 생각을 알아맞히는 타심통, 전생, 금생, 후생 일을 알아맞히는 숙명통, 몸의 변화를 자유로이 하여 왕래를 자유로이 하는 신족통등이 있습니다. 그리고 몸에서 빛(방광)이 나타나던가 손에서 기가 나와서 다른 사람들의 병을 고친다던가 아니면 기도하다가 관세음보살이 보인다던가 부처님이 보인다던가 하는 점입니다. 다 기도하는 과정에서 나타나는 하나에 마장인 것입니다. 그런 마장에 걸려서 신통력을 사용하게 됨으로서 오히려 그 자리에 머물게 되면 결국에는 진짜를 잃어버리고 가짜에 노예가 되어서 살아가면 마지막에는 비참하게 되어 버릴 수도 있습니다. 그러므로 기도를 할 때는 어떤 경계가 나타나도 그 경계에 집착하지 말고 단지 기도하다가 일어나는 과정이라고 생각하고 더욱더 열심히 기도를 하게 되면 모든 마장은 자연히 사라지게 되어 있습니다. 이런 신통력도 삼매가 깊어지면 나타나는데 아직까지 기도를 성취하는 것은 아닙니다. 이 신통의 경계를 넘어서야 진짜 기도를 성취하는 것입니다. 그러므로 기도를 할 때는 어떤 경계에도 끄달려서는 안 되는 것입니다.

기도 처에서 주의할 사항

◇기도할 때 꼭 한 두 명이 박자를 못 맞추고 큰소리로 기도하는 신도님이 계시는데 여럿이 기도 할 때는 스님의 목탁소리에 박자를 맞춰 기도를 해 주셨으면 좋겠습니다. 여럿이서 한마음이 되어 정신을 집중하면 기도가 더욱더 잘 됩니다. 이렇게 여럿이서 한 마음이 되어 정신 집중하는 것을 집단 삼매라고 합니다. 그런데 한, 두 명이 방해를 하는 사람이 있습니다. 여럿이 기도 할 때는 같이 박자에 맞춰 기도를 해 줬으면 고맙겠습니다.

◇향로에 향을 많이 피우는 신도님이 계시는데 향은 하나만 피워 주십시오. 향을 많이 피우면 스님이 목이 잠겨 기도를 할 수 없습니다.

◇스님이 기도하고 있는데 부처님 정중앙에 와서 큰절을 하는 신도님이 있습니다. 스님이 기도 할 때는 기도가 방해 안되도록 해 주십시오.

◇법당에 와서 부처님께 과일, 떡 올린다고 스님이 기도하고 있는데 시끄럽게 하는 사람이 있는데 기도할 때 조용히 해주셔야 합니다.

◇법당에서는 핸드폰 사용이나 기도에 방해되는 일체의 소음은 금지해 주셔야 합니다.

제3장

보덕 각시의 연기
(관음보살의 영험 록)

보타낙가산에서 온 보덕각시

 산에 가서는 나무나 하고 들에 가서는 김이나 매고 모나 심으며 아침과 저녁에는 독경과 염불로써 종교적 신앙생활을 하는 적막하고도 평화스러운 한가한 촌락에 이상한 존재가 생겼습니다. 그것은 다른 게 아니라 꿈에도 생시에도 생각지 못했던 어여쁜 여성이 천강지용적으로 이 촌락에 나타난 것입니다. 자고로 전설로 내려오는 선녀이니 항아이니 서왕모이니 경국지색이니 하는 말은 많이 들어 보았지만 그 모든 것을 종합적으로 구체적으로 대표해서 나타난 이 어여쁜 여성을 대하는 이 촌락의 사람들은 여간 큰 충동을 받은 것이 아닙니다.

혹은 요물이라는 사람도 있고 혹은 마물이라는 사람도 있고 혹은 귀신이요, 사람이 아니라는 사람도 있고 혹은 하늘의 선녀로서 죄를 짓고 인간에 내려왔다는 사람도 있고 하여 산을 가나, 들에 가나 이 이상한 존재인 미인의 얘기뿐이었습니다. 더욱이 젊은 사내들이 모인 곳에서는 더 유난스럽게 떠들고 야단이었습니다.

「그것 참 알 수가 없는데 그렇게도 어여쁜 색시가 어디서 왔을까?」

「흥! 너도 빠졌구나. 그 색시를 보고서 하는 말이로구나」

「빠지기는 뭐에 빠졌단 말인가. 그전에 보이지 않던 어여쁜 색시가 이 동네에 왔으니까 하는 말이지」

「얘 그만두어라. 언청이가 아니면 일색이란다. 그 색시 때문에 병난 녀석이 너 몇 백 명이나 되는지 아니?」

「그렇기는 그래, 아닌게 아니라 썩 도도하든걸. 그런데 그 색시가 어디서 왔을까? 그리고 그의 성명은 무엇일까?」

「남의 색시의 온 곳은 알아 무엇하며 이름은 알아 무엇하니?」

「야! 좀 알고 싶은걸, 나도 어리석은 남자라 그 색시 때문에 침식을 전폐한지가 여러 날이야.」

「너만 그런 줄 아니? 나도 실상은 죽을 지경이다. 피차에 같은 처지니, 너 시원하게 가르쳐 줘라. 그 색시의 온 곳은 보타낙가산에서 왔다는데 이름은 보덕각시 라고 부른다네」

「보덕각시! 보덕각시! 참 이름도 좋은데 하여튼 이 세상 사람은 아니야.」 청년들이 모이기만 하면 이와 같이 보덕각시의 이야기를 주고받느라 애기꽃이 피고 보덕각시의 말만 나오면 사죽을 못쓰고 미쳐 날뛰는 광경을 이루었습니다.

이것이 도대체 무슨 까닭이겠습니까? 관음보살의 신통이요, 그의 화현이라. 괴이할 것도 없으리라고 믿습니다.

나라는 지나의 당나라, 임금은 헌종황제, 때는 원화 십일 년, 곳은 장안에서 멀지 않은 협서 일대인데 이곳은 불교의 감화가 골고루 퍼져서 신불자가 많았습니다. 그래서 집집마다 십 재일을 지키며 불살생 불투도 등의 오계를 지키는 자가 많고 특히 관음보살을 믿는 자가 많았습니다. 그런데 어느 날에 어떤 늙은 마나님 한 분이 어여쁜 딸 하나를 데리고 보타낙가산에서 왔다 하며 돌연히 이 지방에 이사를 와서 살게 되었습니다. 그런데 그 따님은 보덕각시라고 부르는 바 어쩌면 그리도 어여쁘고, 곱고, 아름답고, 기품이 높고도, 음전하며, 얌전한지 이곳의 남녀노소의 사람들은 이 보덕각시를 찾아와서 종일토록 앉아서 구경하고 놀다가 가는 것

보덕각시의 연기

을 그들은 날마다 빠지지 않고 되풀이하였습니다.

참으로 보덕각시는 어여쁜 처녀였습니다. 요조 선연한 태도라든지, 월태화용같은 얼굴에 반달 같은 눈썹이라든지, 앵두 같은 입술에 복스러운 코라든지, 어느 것이나 세상의 말로써 형용할 수가 없는 천강지용의 아름다운 미인이었습니다. 그러므로 이 보덕각시를 둘러싸고 미쳐 날뛰는 청년이 몇 백 명이나 되는지는 알 수 없었습니다.

신부 하나에 신랑이 수백 명

보덕각시는 얼굴만 아름다울 뿐만 아니라 그밖에 바느질이라든지, 반찬 만드는 요리솜씨라든지, 집안을 거두는 알뜰함이라든지, 부모에게 효성과 남의 어른께 정성을 바치는 공손한 태도라든지, 또는 그밖에 글씨와 문장이라든지 당시에 둘도 없는 한사람이라는 평판을 받게 되었습니다.

그런고로 보덕각시의 이름이 널리널리 선전됨을 따라서 그녀를 탐내는 청년은 수없이 늘어서 열광적으로 그녀를 보지 못해서 야단들입니다.

그렇기에 보덕각시가 나타나기만 하면

보덕각시의 연기

수십 명의 젊은 총각들이 사방에서 매복하였다가 그녀가 나오기가 무섭게 기웃거리고 따라다니고 야단법석들이었습니다. 그런 가운데는 보덕각시 때문에 병이 나서 인사불성에 빠진 자들도 퍽 많은 고로 그들의 부모들은 보덕각시를 며느리로 데리고 가겠다고 해서 사방에서 청혼이 빗발치듯 들어왔습니다.

그래서 그네들은 서로서로 경쟁을 하며 보덕각시를 탐내되 혹은 금전으로써 달래기도 하며 혹은 지위로써 혹은 문벌로써 제각기 재주를 다하여 보덕각시를 데려가려고 합니다.

만일 보덕각시가 어느 편이든지 치우쳐서 어떤 한 집으로 시집가게 된다면 그들은 돌팔매질로 승부를 겨루거나 방망이쌈질을 하여 전쟁을 일으킬 것 같은 위험한 상태에 빠지게 까지 되었습니다.

「애야! 이것을 어찌한다는 말이냐! 신

부 하나에 신랑이 수 백 명이니 이게 될 수나 있는 말이냐!」

어느 날 보덕각시의 어머니는 보덕각시에게 이렇게 말을 하였습니다. 그리한즉, 보덕각시는

「아이구, 어머니는 별 걱정을 다하십니다. 수백 명이 아니라 수 천명이면 어때요? 무슨 상관이 있어요?」

「규중처녀의 계집애로서 그게 무슨 소리냐! 행여나 남들이 들을까 무섭다. 너 때문에 까닥하면 큰 전쟁이 일어나게 되었으니 이게 큰 일이 아니냐. 그런 소리말고 조심을 좀 해라. 아무리 생각해 봐도 또 어디로 도망을 가야 되겠다. 사람이 마음을 놓고 살아야 하지 않겠느냐?」

「어머니는 염려 마세요. 내가 다 알아서 할 테니까요」

보덕각시는 어머니가 자기 때문에 근심하는 것을 딱하게 여기고 이렇게 대답하

고 안심을 시켰습니다.

  그러나 어머니는 딸의 말만을 믿을 수가 없었으므로 근심하기를 마다하지 아니하였습니다. 자못 그 딸의 동정만 살필 따름입니다. 이런 소리가 나자 혼인을 중매하는 매파는 하루도 수 십 명씩 드나들었습니다.

보문품을 읽게 하여 오십 명 선발

여러 매파들이 보덕각시 모녀에게 승낙하고 결단을 지어 달라고 문턱이 닳다시피 드나들기를 이미 말하였습니다 마는 보덕각시는 이 어려운 문제에 대해서 퍽 여러 날을 생각하였습니다. 그래서 어느 날에는 보덕각시가 여러 매파들을 한꺼번에 모두 모여 와 달라고 하였습니다. 그러므로 수십 명, 수백 명의 매파들은 무슨 기이한 소식이나 들은 줄 알고 몰려갔습니다. 이 때에 보덕각시는 그들을 보고서 이런 말을 하였습니다.

「규중처녀로서 이런 말을 하는 것은 부끄럽고도 외람 된 말입니다. 그러나 여러분이 다 아시다시피 시집갈 색시는 나 하나 뿐인데, 나에게 신랑이 되겠다는 사람은 이렇게도 수백 명이나 되며 그 가운데는 나 때문에 죽게 되었다는 사람과, 병이 생겼다는 사람과, 지금도 곧 병이 생길 것 같다 는 사람이 있다 하고 매파를 보내는 사람과 편지를 보내는 사람이 하루에도 몇 십 명씩이나 되니 내가 어떻게 시집을 가겠습니까? 만일 어느 집이든지 가기만 하면 그 집을 망하게 하겠다는 사람까지 있으니, 참으로 송구하여서 살수가 없습니다. 그런즉 여러 말 할 것 없이 내가 신랑 될 사람을 가려 시험을 보여서 선택하겠으니 아무 날 아무 시에 신랑 될 사람은 하나도 빠지지 말고 전부 아무 장터의 큰 마당으로 와 달라고 일러주셔요.」

보덕각시가 이렇게 말을 했다는 소리가 여러 사람의 매파들 입에서 흘러 나가기

시작한즉 수백 명의 청년들은 제각기 가슴을 울렁거리며 시각도 어기지 않고 그 장소로 모였습니다. 이 때에 보덕각시는 마당 가운데 높은 자리를 마련 해 놓고 그 위에 올라서서 많은 군중을 향하여 집더미 같이 쌓아 놓은 보문품이라는 불경책을 던져 주면서 말하되

「여러분이 이처럼 이 변변치 못한 사람을 위하여 많이 오셔 주시니 그 감사한 마음을 이루 다 말씀드릴 수가 없습니다. 그러나 여러분이 보시다시피 나 한사람으로서 여러분의 소원을 다 이루어 드릴 수는 없지 않겠습니까? 그래서 공평 정직하게 여러분에게 이 책을 나눠 드리는 것이오니 누구든지 이것을 오늘 오전에 읽어서 외우도록 하십시오. 누구든지 이것을 오전에 다 외우면 나는 그에게 백년을 의탁할까 합니다」

여러 청년들은 보덕각시의 그 아름다운

태도를 보며 그의 낭랑한 목소리가 옥 쟁반에 굴러가는 구슬과 같이 향내나고 또한 아름다운 말솜씨의 맑은 소리를 들을 때에 심신이 황홀하게 취해 버리고 말았습니다. 보문품을 외우기는커녕 물 속이나 불 속이라도 들어가라면 두말하지 않고 들어갈 지경이었습니다. 그래서 수백 명의 보문품 읽는 소리는 마치 수백 명의 승려가 일시에 독경하는 소리 이상의 정성 속에서 우러나오는 소리였습니다. 참으로 불국세계를 이루었습니다. 시간이 되어서 징을 치고 보덕각시가 한사람씩 불러다가 외우게 하였는데 그 수백 명 가운데 보문품을 모조리 외는 사람은 오십 명이나 되었습니다. 그러나 이것을 외우지 못한 나머지 수백 명은 모두 낙제생이 되고 말았습니다.

금강경을 읽게 하여 열 명을 선택

보덕각시는 다시 대상에 올라서서 말하되
「여러분이 미천한 저를 위하여 이렇게 경을 외워 주시니 감사하기 비할 데 없습니다. 그러나 이 경을 다 외우지 못하신 분은 남아 계셔도 별도리가 없으니 섭섭하게 생각하지 마시고 돌아가 주시기를 바랍니다. 그리고 이 경을 다 외우신 오십 분의 청년만 남아 주십시오..」
그래서 수백 명의 낙제생들은 모두 비관하고 물러섰으나 그래도 보덕각시를 한 번 정면으로 보고 그의 음성을 친히 듣는 것만으로도 영광으로 여기고 물러나게 되었습니다. 그러나 그들은 자리만 비켜섰을 뿐이요, 아주 떠나지는 않았습니다. 이 때에 보덕각시는 다시 오십 명을 포장 안으로 모아 놓고 애교를 부리며 말하되

「여러분이 이 보문품은 다 외우셨으나 이렇게 오십 명이나 되시니 내 한 몸을 오십 개로 나누기 전에는 어찌할 도리가 없지 않겠습니까? 그런즉 더 한번 수고를 해주셔야 되겠습니다.」

이렇게 말을 하고 금강반야바라밀경을 내어 주며 오늘 저녁 하루 밤에 이것을 다 외우는 사람이면 그 사람에게 일생을 의탁하는 남편으로 삼겠다고 하였습니다. 이것은 꽤 어려운 문제였습니다. 금강경은 그 양이 보문품의 배나 되는 것인데 이것을 하루 저녁에 외울 수가 있겠습니까. 그러나 목숨을 떼어놓고 보덕각시를 얻으려는 그들이라 밤을 새워 가면서 금강경을 읽었습니다. 그리하여 그 이튿날 보덕각시

앞에 나아가서 외우는데 여기에도 금강경을 다 외우는 사람이 열 사람이나 되었습니다. 그래서 보덕각시는 다시 말하되

「또 미안한 말씀입니다만, 저 한 사람으로서 열 분을 섬기기는 이 역시 어려운 일이 아니겠습니까? 그런즉 어떻게 하면 좋을까요. 무슨 좋은 방법이 없겠습니까?」

이렇게 말을 하니 열 명의 사람들은 모두 묵묵 부답인 채 서로 얼굴만 쳐다보고 눈만 깜빡일 뿐이었습니다.

법화경을 읽게 하여 마랑이 당선

 그런고로 보덕각시는 다시 여러 가지로 생각한 끝에 이런 생각을 하였습니다. 그들 청년을 시험을 보게 하여 고르는데 여러 권의 책을 외우게 하지 않으면 안 된다고 생각하였습니다. 그래서 보덕각시는 그들에게 퍽 미안한 듯 민망한 표정을 하고 다시 입을 열어 말을 하였습니다.
 「들어 보세요. 이렇게 말 없이 앉아 있기만 하면 되겠습니까? 미안하지마는 이번에 일곱 권으로 된 법화경 한 질을 드리겠사오니 이것을 사흘동안에 외우는 이가 있다면 최후에 그 한 사람에게 몸을 바칠까 합니다. 여러분의 뜻은 어떠하신

지요?」

「우리는 최후까지 당신을 위해서 희생하고자 하는 생각을 갖고 있으니 무엇이라도 순응하겠습니다. 그런즉 어서 책을 주십시오」

어떤 청년 한사람이 이렇게 말을 한즉 그밖에 아홉 사람의 청년들은 다 이구동성으로 그 말에 찬성하였습니다. 그래서 보덕각시는 그들에게 법화경을 주었더니 사흘만에 외워 온 사람은 마씨 집의 아들인 마랑이라는 청년 한 사람이었습니다. 다른 사람은 그 법화경 칠 권을 다 외울 자신이 없으니까 그대로 낙심하고 스스로 떨어지고 만 것입니다. 마랑이 보덕각시 앞에서 법화경을 외우는데 마치 병에서 물 쏟듯이 합니다. 그래서 결국 마랑이 보덕각시의 신랑으로 당선이 되었습니다.

이런 소문이 가까운 동네에 퍼지기 시작하니 여러 사람들은 말하되 마랑은 천하에 재주 있는 사람으로서 천재를 독차지한 사람이라고 칭찬을 하고 마랑과 보덕각시는 천생연분이라며 그를 위하여 축복하지 않는 사람이 없었습니다. 그래서 마씨 가문에서는 큰 영광이라 하여 대소가들이 모두 한데 모여서 잔치준비를 하며 성대한 혼례를 거행하기로 하였습니다.

신부의 변사와 금신보살상

　만반의 준비가 다 되어서 정한 날짜에 결혼예식을 하게 되니 가까운 동네에서 잔치하는 연회를 보러 오는 사람이 남녀노소를 불문하고 인산인해로 수천 명이 모이게 되었습니다. 시각이 차차 가까워짐에 따라서 신랑과 신부가 예복으로써 성장을 하고 예식장으로 들어가려고 하는 찰나에 신부는 별안간 「아이고, 배야!」하며 폭 거꾸러집니다.
　그래서 여러 시녀들은 아가씨가 편찮은 모양이니 좀 쉬다가 예식을 거행하자고 하고 보덕각시를 별실로 데리고 가서 뉘었습니다. 그런데 불행하게도 신부는 얼굴이 갑자기 푸르러지고 창백해지더니 몹시 고민하기 시작했습니다. 그러더니 신부는 옆에 사람이 있는 것이 귀찮으니 모두 나가 달라고 합니다. 모두 주저주저하며 나가지 아니한즉

「나는 본시부터 이렇게 가끔 앓는 신병이 있어서 그런 것이니 놀래지 마시고 안심들 하십시오. 그러나 좀 미안하지마는 나가 주시기 바랍니다」

보덕각시는 모기소리 같은 가냘픈 목소리로 이와 같이 말을 하며 모두 나가기를 원했습니다. 그래서 이불을 펴서 눕혀 안정시키고 모두들 나왔습니다. 그러나 마씨 집에서는 그대로 둘 수가 없는 사정이라 의사야 약이야 침이야 하며 의사를 데려왔습니다.

그리하여 신부가 있는 방문을 열려고 하니 방문이 굳게 걸려서 열리지 않았습니다. 그런데 방안에선 난데없는 풍악소리

가 요란하며 염불소리가 크게 들리는 것이었습니다. 그러므로 「사람이 지금 죽게 되었는데 풍류가 다 무엇이며, 노래가 다 무엇이냐?」하고 마랑의 아버지가 노기등등하여 고함을 치며 문을 박차고 들어가 보니 방안에는 신부 한사람이 누워 있을 뿐이요, 아무도 없었습니다. 그런데 방안에는 향내가 진동하고 천상의 풍악소리가 은은하게 들려 오고 있었습니다. 이러한 광경 속에서 신부는 미소를 띄고 눈을 감고 잠만 자고 있습니다. 그래서 아가씨가 참으로 자나 하고 가까이 가서 숨소리를 들은즉 숨소리가 끊어지고 없습니다.

그러므로 여러 사람을 들어오라고 해서 보덕각시의 손과 얼굴을 만져 보니 싸늘하게 식어 가고 있었고, 코에 손을 대니 콧구멍에서는 찬바람이 나올 뿐이었습니다. 그래서 마씨는 깜짝 놀라서 자기 아들 마랑을 청하여 보이니 신부의 얼굴이 썩

어서 그 아름다운 용모가 변해지고 말았습니다. 마랑은 이것을 보고 너무도 원통해서 그 자리에 쓰러지며

「아! 보덕각시! 어쩌면 이렇게 가고 말았소. 아! 보덕각시! 나를 버리고 어쩌면 이렇게 허망하게 갔단 말이요. 이게 꿈인가! 생신가!」

이렇게 부르짖고 대성통곡하니 이 결혼식에 왔던 사람은 이 신부의 변사를 듣고 누구나 눈물을 흘리지 않은 사람이 없었습니다. 따라서 마씨 집안에 행복을 바라는 기쁜 장소는 장례식장으로 변하여 울음바다가 되고 말았습니다.

「미인박명이라 더니! 그렇게 선녀같이 어여쁘니 요사하지 아니 할 수가 있나!」

군데군데서 모인 사람들은 모두 서로 이런 말들을 하고 손수건으로 눈물을 훔쳐냈습니다.

이 얼마나 비참한 일이며 가여운 일입

니까? 초로 같은 인생과 부유 같은 인생을 누구나 다 말하지마는 이번 일은 이 자리에 모인 사람으로 하여금 확실하게 깨치게 하였습니다. 보덕각시는 참으로 여러 사람에게 보문품과 금강경과 법화경을 외우게 하더니 실지로 불법을 믿지 않으면 아니 될 무상관과 부정관을 여실하게 자기 몸으로써 보여주었다고 하겠습니다.

그래서 혼인에 쓰려 했던 음식은 장례에 쓰게 되고 혼례에 입었던 예복은 그대로 수의로써 염습을 마치게 되었습니다. 그리하여 여러 천명의 조객과 같이 멀지 않은 동산에 신부를 장사 지내게 되었습니다

그런데 여러 청년 가운데는 이 보덕각시의 무덤 앞에 와서 울며불며 탄식하고 보덕각시의 옛 모습을 말하며 서로서로 분상을 돋아 주고 떼를 입혀 주는 자도 많았습니다. 그리고 이 분묘가 길가인 만

큼 지나가는 행인으로서도 들여다보지 않는 자가 없었습니다. 이렇게 한지 며칠이 지나고 선풍도골의 학체와 같은 늙은 스님 한 분이 석장을 끌고 마씨 집을 찾더니,

「여보십시오. 실례의 말씀입니다만, 이 댁에서 보덕각시라는 미인 한 분이 돌아간 일이 있지 않습니까?」

하고 묻습니다. 그래서 주인이

「네-」

하고 나간즉

「나는 여기서 멀지 않은 절에 사는 중인데 그 미인을 위하여 불경이라도 한 글귀 읽어 주려고 왔으니 그 산소까지 안내하여 주실 수 있겠습니까?」

라고 말하여, 주인도 고맙게 여기고 산소까지 인도하니 그 노승은 석장을 짚고 염불을 하는 체 하더니 이상스럽게 눈동자를 굴립니다. 그러더니

「저 서기 어린 광명을 보십시오」
라고 합니다. 그래서 여러 사람들이 일제히 보니 분상의 한복판으로부터 서기광명이 무지개같이 솟아나옵니다. 그 노승은 이것을 보고 절을 하더니 주인에게 괭이를 가지고 와서 파 보라고 합니다. 그러므로 주인도 이상하게 여기고 괭이를 가져다가 파려고 하니 모든 사람들이 이 소문을 듣고 모이는 자가 수를 헤아릴 수 없을 만큼 많았습니다. 인부가 가래와 괭이로써 분상을 파서 헤치니 그곳에서는 보덕각시의 사람 모습이 간 곳 없고 어떤 보살의 금신상 하나가 광명을 내며 나옵니다. 여기에 모인 군중들은 모두 놀라지 않을 수 없었습니다. 이 때에 노승은 여러 군중을 향하여 말하되

「여러분, 보시오! 이 금불상은 누구겠소? 잘 들어보시오. 대성자모관세음보살이 여러분의 업장이 지중함을 불쌍하게 여기

고, 미인상호로 화현하셔서 여러분에게 불경을 주어 읽게 하고 수승한 인연을 맺게 한 것이요. 그런즉 여러분도 이 관음성모를 친견하였으니 이 인연으로써 더욱이 분발하고 노력하여 대작불사하기를 바랍니다」

이렇게 간곡하게 말을 합니다. 이 말을 들은 군중들은 모두 너 나할 것 없이 합장하고 나무관세음보살을 부르며 새삼스럽게 다시금 신심이 복 바쳐 끓어 올라옴을 이길 수가 없었습니다. 그런데 그 노승은 다시 말하되

「보덕각시는 관음보살이요. 보덕각시의 모친은 문수보살이요. 자기는 보현보살인데 이 현서일대의 사람이 다른 곳 사람보다 불법에 신심이 장한 고로 이렇게 우리 삼성이 왔다가는 것이요. 그런데 마랑만은 해동조선국에서 또 만나 볼 날이 있을지도 모르오」

하고 석장을 던지니 그 지팡이가 사자로 변합니다. 노승은 이 사자를 타더니 그만 공중으로 솟아 어디론지 사라지고 말았습니다. 그래서 그 뒤에 천주라는 곳에 찬화상이라는 스님이 계신데 그 스님은 이 말을 듣고 노래하되

아름답고 고은 태도 그 누가 따르리
여러 낭군 홀려서 법화경을 알게 했네
황금상을 남기고 돌아간 그 뒤에
알지 못하거라 밝은 달은 어느 집에 떨어졌노!

회정 대사의 천수기도

 그러면 그 뒤에 마랑은 어찌 되었겠습니까? 마랑은 보덕각시의 변사를 보고 인상무상을 느끼고 출가하려고 하려는 차인데 그 노승으로 인하여 금신의 보살상을 파내게 된 후부터는 아주 신심이 복발하여 자기 집을 곧 고쳐서 절로 만들고 머리를 깎고 스님이 되어 그 관음불상을 모시고 염불과 참선으로써 여생을 보내기로 하였습니다.
 그러다가 그 관음불상을 모시고 다시 천하강산의 유람을 나서서 돌아다니다가 조선의 금강산까지 와서 어떤 석굴 속에서 기도를 드리고 염불과 참선으로서 여생을 마치고 말았습니다.

그리하여 그는 그 공덕으로 신라 국에 태어나서 신라시대 어떤 왕의 왕사와 국사가 되었으니 호를 가로되 회정대사라고 불렸습니다. 이 회정대사는 왕사와 국사로써 번화한 생활을 하다가 이런 지위에 착미 하였다가는 업만 짓고 말겠다는 생각을 하고 왕사와 국사를 하루아침에 사직하고 금강산으로 들어갔습니다.

그리하여 표훈사 밑 송라동의 송라암에서 천수주력공부를 하고 기도를 하되 십년 동안을 하루같이 정성스럽게 하였습니다.

이 천수기도를 하는 동안에는 여러 가지의 상서가 많았으니 호랑이와 독사가 와서 지켜 대사가 계신 암자에 침범하는 도적을 쫓아버리는 일도 있었고, 혹은 죽게 된 병자가 대사를 찾아와서 천수 주력하는 것을 보고 듣기만 하고도 기사회생

해서 병이 나은 자도 있었습니다.

  그리고 캄캄한 밤중에도 이 송라암이 있는 골짜기가 대낮같이 환하게 광명이 차서 서기를 놓는 일도 있고 어느 때에는 대사의 육근문두로 방광을 하게 된 일도 있었습니다.

몰골 옹과 해명방의 방문

　회정대사가 이렇게 일심불란으로 공부를 하고 있으니까 어느 날 허공에서 벽력같이 외쳐 말하되
「회정아! 회정아! 네가 대도를 성취하려거든 하루바삐 이 암자를 떠나서 저 남쪽을 향해 가라. 그리하여 몰공옹과 해명방을 찾아가서 대도를 묻고 배우라」
　라고 합니다. 그래서 회정대사는 그 길로 행장을 챙겨 남쪽을 향하여 가다가 강원도 양구군 방산면에 있는 어느 산중으로 들어가서 길을 잃어 방황하다 날이 저물었습니다. 그래서 일모한 산중에 무한히 애를 쓰고 돌아다니다가 일간두옥의 집

하나를 발견하게 되었습니다. 그래서 다짜고짜로 그 집에 들어가 하루 밤 쉬어 가기를 청하니 선풍도골의 백발노인이 반갑게 맞아들이며 어서어서 들어오라고 합니다. 회정대사는 절처에 봉생한 듯 들어가서 고맙게 인사하고 앉아 있으니 영감님이 손수 나가서 삶은 감자를 한 그릇 가져다 주며 먹으라고 합니다. 다만 물 한 그릇이요, 소금 한 접시요, 감자 한 그릇이지만 배고프고 목이 말라서 그런지 어떻게 맛이 있는지 알 수가 없었습니다. 대사는 이렇게 요기를 하고 다시 이렇게 말을 하였습니다

「조금 전 인사말씀은 드렸습니다만, 서로 성명을 통하지 못했습니다. 소승은 금강산 표훈사 밑 송라동 송라암에 있는 회정이라고 하는 중입니다.

그런데 이렇게 영감님께 와서 꼭 죽을 것이 살게 되었습니다. 이번에 영감님이

계신 이 집을 만나지 못했다면 어떻게 되었겠습니까. 생각만 해도 아슬아슬합니다. 그런데 영감님께서는 이렇게 혼자서 계십니까?」

「네. 나는 이렇게 혼자 사는 늙은이오」

「자녀가 아무도 없습니까?」

「네. 나는 마누라도 없고 자식도 없는 사람이오」

「아! 그러면 퍽 고적하시겠습니다. 그런데 영감님의 이름이 무엇인지 알 수 있었으면 좋겠습니다」

「나같이 산중에서 땅이나 뒤지고 사는 사람이 무슨 성명이 있겠소.」

「천만의 말씀입니다. 앞으로 부모같이 모시겠으니 일러 주십시오」

「대사가 그렇게도 간청하니 어찌 회피하겠소. 나는 본래에 성명이 없는 사람인데 남들이 부르기를 몰골옹이라고 하오」

「네? 몰골옹이세요?」

회정대사는 의외로 놀라서 눈을 휘둥그렇게 뜨고 다시 일어나서 절을 했습니다. 그리고 다시 합장하고 말하되

「소승이 그저 선생님의 고명하신 도예를 듣고 불원천리하고 찾아왔으니 소승에게 대도를 가르쳐주십시오」

「아! 이 대사 보았나! 공연히 또 사람을 귀찮게 하는구려. 나는 대도는커녕 소도 도 모르니 그런 말은 아예 입밖에도 내지 마시오」

「그래도 제가 선생님의 이름을 듣고 왔는데요..」

「그것은 잘못 듣고 온 거요」

「그러지 마시고 이 미욱한 중을 불쌍하게 여기시고 도를 가르쳐 주십시오」

「아따, 이 중 보았나? 정 그렇게 귀찮게 굴면 오늘밤에 이곳에서 자지도 못하게 쫓아 버릴 터이니 알아서 하시오」

하며 소리를 지릅니다. 대사는 그만 어

쩔 수가 없어서 다시 말하되

「그러면 선생님께 한마디 여쭈어 볼 말씀이 있습니다.」

하니 늙은이는

「무엇이요? 말하시오..」

「혹시 해명방이라는 이를 선생님께서 아시는지요?」

「아! 해명방말이오. 그 사람은 나의 친구인데 저 산 너머 동네에 살고 있지요」

하며 손가락으로 문밖에 있는 산을 가리킵니다. 그래서 회정대사는 이 몰골옹댁에서 하루 밤을 경과하고 그 이튿날에 해명방을 찾아서 커다란 산을 넘어갔습니다.

보덕 각시와 결혼치산

　회정대사는 태산 준령을 넘어서 해명방이 있을 만한 곳을 다 찾아보았으나 도무지 알 길이 없었습니다. 해가 다 넘어가도록 이 골짜기 저 골짜기로 헤매다가 한 곳에 다다르니 일간두옥의 집 한 채가 있었습니다. 그래서 대사는 그 집을 찾아가서

　「여보십시오. 주인어른 계십니까?」

　하고 싸리문을 두드리니 안으로부터 명랑하고 쾌활한 음조인 듣기 좋은 여자의 말소리가 들려 나옵니다.

　「누구십니까? 누구시기에 이렇게 늦은 시각에 찾아오셨습니까?」

하며 과년한 노처녀가 나와서 친절하게 대답합니다.

「네. 나는 금강산에 사는 중인데 탁발을 나왔다가 이렇게 길을 잘못 들어서 어둡게 댁을 찾게 되었습니다. 그런데 이곳에 해명방이라는 어른 댁이 어느 댁입니까?」

「해명방이요? 해명방은 우리 아버님이신 데 바로 이 집입니다」

「그러면 지금 댁에 계십니까?」

「아니요. 지금 사냥을 나가시고 안 계십니다. 그런데 그 어른은 어찌 찾으십니까?」

「네. 그 어른을 꼭 뵙고 싶어서 그렇습니다.」

「그러나 대사님이 잘못 오셨습니다. 우리 아버님 해명방은 본시 성품이 영맹무도 하셔서 대단히 뵈옵기가 어려운 분입니다. 만일 그 어른의 비위만 거슬리는 날이면 사람 죽이기를 파리 죽이듯 하시는 어른이니 스님께서는 우리 아버님을 뵐 생각은 하지도 마시고 돌아가시기 바랍니다.」

「그렇지만 날이 이렇게 저물었으니 어찌 이 시각에 다른 곳으로 가겠습니까?」
「그야 그럴지도 모르지만 그래도 이곳보다 바위나 굴 같은 곳에서 하루 밤을 지내시는 게 더 나으실 테니 그렇게 하십시오.」

그 처녀는 이와 같이 대사를 거절합니다. 그러나 회정대사는 이럴수록 돌아가지 않고 간절히 해명방을 기다리고 있었습니다. 그리고 그 노처녀를 이모저모 훔쳐보았습니다. 그 노처녀는 그리 어여쁘지도 않고 그리 밉지도 않게 둥글둥글하게 생긴 처녀인데 말씨마다 인정이 베어 나고 행동이나 맵시가 귀여운 애교가 많은 처녀였습니다. 그렇게 지성스럽게 아버지에 대해 말하고 대사를 가라고 하는 노처녀도 대사가 도를 위하여 가지 않고 있는 것을 알아차린 듯 대사를 불쌍하게 여기고 방안으로 안내하더니 부엌에 들어가서 저녁상을 보아 가져다 주었습니다. 대사는 너무나 맛있게 먹었습니다. 그리고 해명방이 얼마나 사나운가를 머리 속에 그리고 앉아 있으려니 금강 야차와 같은 늙은이가 구척장신에 활과 창을 메고 노루와 사슴, 토끼, 너구리같은 짐승을 잡아서 칡줄로 동여매 질질 끌고 들어오는데 위풍이 당당합니다. 대사는 압기가 되어서 얼른 나아가서 절을 하니 그 늙은이는 노기탱천하여 말하되

「너는 웬 중인데 남의 처녀 방에 함부로 들어갔다가 나오느냐! 이 놈! 죽일 놈 같으니라고..」

라고 합니다. 그래서 대사는 고두백배로 사죄를 하고

「소승은 본시 금강산에 사는 중이온데 선생님의 도덕이 장하시다 는 말씀을 듣고 이렇게 불원천리하고 찾아왔는바, 선생님께서는 안 계시고 저 따님께서 방으로 들어가라고 하며 저녁을 차려 주기에 지금 막 먹고 난 길입니다. 무슨 별다른 의미로 들어간 것이 아니오니 용서하여 주시옵소서.」

「이놈! 뻔뻔스러운 놈 같으니라고! 무엇이 어쩌구 어째! 남의 색시 방에 들어가서 함부로 자빠져 있다가 나오면서 무엇이 어째!」

해명방은 이렇게 질책하더니 귀에 불이 번쩍 나게 회정대사의 뺨을 갈깁니다.

「아이구, 뺨이야!」

하며 회정대사가 손으로 뺨을 부비니 다시 발길로 차고 문밖으로 내쫓았습니다. 그래도 대사는 굳게 닫힌 문을 억지로 열고 들어와서

「선생님! 그저 소승은 도를 위하여 온 사람이오니 도를 가르쳐 주십시오. 소승은 본시부터 위법망구할 결심을 가졌사오니 도만 일러주셔서 혜안을 통하게 하신다면 지금 죽어도 소원이 없겠습니다.」

하며 법문을 구했습니다. 이와 같이 하니 그 늙은이는 다시 말하되

「그놈, 꽤 쓸 만한 놈이로구나. 그러나 이 중아! 들어보아라. 네가 나의 집에서 도를 배우고 있으려면 저기 있는 내 딸 보덕각시와 결혼하지 않으면 아니 될 것이니 네 마음이 어떠하냐?」

「선생님! 그것만은 용서하여 주십시오. 소승이 출가 후로 반평생을 계를 지켜 내려왔는데 이곳에 와서 파계를 해서야 될 수가 있겠습니까?」

「이놈, 죽일 놈 같으니라고. 무엇이 어째? 결혼하기가 싫다, 그러면 이놈 내 손에 죽어 보아라.」

그 노인은 회정대사에게 이와 같이 호령을 하며 주먹을 들고일어났습니다. 이것을 본 처녀는 대사에게 눈짓을 하며 그러지 말고 어서 명령에 복종하라는 표정을 합니다. 만일 그렇지 않고 명령을 어기면 죽일 것이라는 것을 벙어리가 손짓으로 가리키듯 갖은 형용을 다해서 가리킵니다. 그래서 회정대사는 할 수 없다는 듯 그 노인에게 다시 말하되

「그저 소승이 미처 생각이 짧아서 그랬사오니 용서하여 주십시오. 어찌 감히 존명을 어기겠습니까?」

이렇게 빌고 항복을 하였습니다. 그리한즉

「진작 그렇게 할 일이지.」

노인은 풀어진 듯 이렇게 말을 하며 그날 저녁으로 소반에 물을 떠다 놓고, 색시와 같이 서로 맞절을 하라고 하더니 이것으로써 혼인잔치 의례식을 마치고 그대로

윗방에 올라가서 자라고 합니다. 그래서 대사는 하는 수없이 그 보덕각시와 같이 강제결혼을 당하고 부부가 되어 살게 되었습니다. 그런데 무엇보다도 다행한 것은 그 각시가 여느 색시와 달라서 고녀였던 것이었습니다. 그 다음부터는 세 식구가 한집에 있으면서 치산을 하며 살아가는데 나무장사를 하지 않으면 먹고살기가 어려운 처지였습니다. 그러므로 대사는 나무장사를 하며 그 집에 있는 바 장인 되는 영감님은 사위인 회정대사를 어떻게 들볶는지 견딜 수가 없었습니다. 노인은 더불어 사냥을 하다가 고기를 만들어 술이나 마실 뿐, 가사를 돌보지 않고 전부 사위에게만 맡기고 괴로운 일을 시킵니다.

대체로 일이 고되어서 살수가 없습니다. 화전 밭도 파야 되고 땔나무도 대야 되고 그밖에 나무를 캐다가 장에 나가서 팔아 와야 되는 것이라 몸이 하루도 편할

날이 없었습니다. 이렇게 하기를 삼 년이나 계속했는데 그 노인에게 도를 가리켜 달라고 하니 아직 때가 멀었으니 기다리라고만 합니다. 그래서 대사는 몇 번이나 이곳에 온 것을 후회하였는지 모릅니다. 그리고 그 중간에 여러 번이나 도망을 가려고도 했습니다. 그러나 현숙하고 인자한 부인인 보덕각시의 따뜻한 인정에 끌려서 가지도 못하고 오지도 못하고 삼 년 동안이나 있었던 것입니다.

만폭동에서 재봉홀별

　회정대사는 이렇게 고생스러운 생활을 하느라고 천수주력도 못하고 염불공부도 못하고 참선공부도 못하였습니다. 그 장인과 아내를 먹여 살리고 오막살이 살림이라도 그 살림살이에 빠져서 고생만 하였을 뿐입니다. 대사는 이런 생활을 하다가 하루는 잘못을 뉘우치는 마음이 생기게 되었습니다.
　「내가 이곳을 찾아온 동기가 무엇이었나! 대도를 성취하자는 욕망이 아니었는가! 그러나 이곳의 해명방은 선지식이라고는 볼 수가 없다. 또 보덕각시도 심상치 않은 여자이니, 나에게 도를 가리켜 줄 만한 사람은 되지 못한다. 내가 이렇게 고용살이만 하다가는 일에 눌려 죽지 않을까? 그리하여 업만 짓는 것이 아닐까. 허허 내가 귀신에게 속았거나 도고마성으로 악마굴에 빠진 것이다」

대사는 이렇게 중얼거리고 금강산 송라암에서 천수 기도하던 생각이 불현듯 나서 금강산이 그리워졌습니다. 이렇게 생각을 하고 보니 그 장인인 해명방도 악마같이 보이고 그 인자하던 보덕각시도 나찰이나 악귀같이 보입니다. 그리고 자기 모양이 순박한 나무꾼같이 형용이 초췌하고 손가락이 갈고리같이 된 것을 보니 퍽 가엾고도 한심한 생각이 들었습니다. 그래서 하루바삐 이 산중에서 빠져나갈 생각밖에 없었습니다. 그러므로 어느 날 보덕각시에게 말하되

「여보, 부인 나는 다시 금강산으로 들어가서 공부나 하다가 죽겠소. 내가 이곳

을 찾아왔을 때는 이렇게 장가나 들고 살림이나 하려고 온 것이 아니었소. 적어도 도통을 해보려고 온 것인데 삼 년을 지내도 아무 도리가 없으니 더 있어 무얼 하겠소.」

이렇게 슬픈 말로 하소연을 하였습니다. 그러자 보덕각시도 눈물을 흘렸습니다.

「임자의 말씀을 들어보니 그렇기도 하겠소. 그러나 지성이면 감천이라고 십 년만 더 채우고 가도록 하시구려. 아버님이 항상 말씀하기를 십 년은 채워야 한마디 일러주거나 말거나 하시겠다고 하셨으니 이제부터 칠 년만 더 고생하고 기다려 보구려. 칠 년이 길거든 다시 삼 년만이라도 기다려 봅시다.」

「내가 지금 이렇게 타락되어서 삼 년을 그냥 보낸 것도 분한데, 또 삼 년이나 칠 년을 지내야 하겠소? 인정으로는 당신과

보덕각시의 연기

같이 해로를 해야 하겠으나 나는 도를 위해서 그럴 수가 없소이다」

「당신이 그렇게 꼭 가겠다고 하니까 나도 어찌할 수가 없소. 그러면 우리 이 다음에 금강산 만폭동에서 다시 만나 봅시다」

보덕각시는 이렇게 대답합니다. 대사는 부인과 이렇듯 애처로운 작별의 말을 하였습니다. 그리고 해명방에게 가서 가겠다고 하니

「미친 녀석 같으니라고. 가고 싶거든 가려무나! 그렇지만 한 삼 년만 더 있다가 가지 못하겠느냐?」

라고 합니다. 그러나 대사는 들은 체도 않고 길을 재촉해서 나오다가 그래도 삼 년이나 있던 집이라 옛정을 못 잊어서 한 번 휘돌아 보니 그 오막살이나마 온데 간데 없고 장인과 부인도 없어졌습니다. 그래서 이상하게 여기고 다시 가서 찾아보

- 153 -

니 아무 것도 없습니다. 대사는 너무 이상한 생각이 들어 태산 준령을 넘어오니 이 산을 들어올 때 본 몰골옹이 신을 삼고 있었습니다. 그래서 반갑게 여기고 찾아가서 인사를 하니

「이 중아! 이 어리석은 중아! 왜 삼 년만 더 있지 않고 왔느냐!」

하며 퍽 애석하게 여깁니다. 그래서 대사가

「그들이 다 누구십니까?」하니

「너의 장인은 문수대사요, 너의 처였던 각시는 관음보살인데 네가 전생에 법화경을 외운 공덕으로 이곳에서 그렇게 삼 년이나 있었던 것이다. 그러나 네가 무슨 복에 그들과 같이 육 년이나 지낼 수가 있겠느냐.」

라고 합니다. 그래서 대사는 몰골옹을 보고 당신은 누구십니까 ?하니

「오! 나, 말이냐? 나는 보현대사인데 너

보덕각시의 연기

에게 길을 가르쳐 주기 위해 이곳에 있었던 것이다. 그러나 이제는 인연이 다 했으니 나도 나 갈대로 가야 되겠다.」

하더니 곧 인홀불견이 되고 말았습니다. 대사는 이 말을 듣고 통곡하기를 마지 않고 금강산으로 들어가서 역시 송라동에 있는 송라암에서 천수기도를 하고 있었습니다.

그런데 어느 날 몹시도 보덕각시가 그리워서 견딜 수가 없었습니다. 그래서 그때에 약조한 말을 잊지 않고 만폭동이나 올라가 볼까? 하는 생각이 나서 만폭동을 찾아 올라가니 자기의 아내였던 보덕각시가 흰 돌 바위에 앉아서 머리를 씻고 있었습니다. 그래서 하도 반가워 쫓아가 부인의 손목을 잡고「임자가 보덕각시가 아니요」하니 그 아내는 곧 파랑새가 되어 날아갑니다. 그러므로 대사는 새라도 놓치지 않겠다고 죽을힘을 다하여 따라가니 그 새는 어떤 석굴로 들어갑니다. 그래서 대사도 그 굴속으로 들어가니 새는 온데 간 데가 없습니다.

이런 일을 본 대사는 「이게 대체 무슨 일인가?」하고 마음속에 화두가 되어 사흘 동안을 먹지도 않고 자지도 않고 참선공부를 하였더니 홀연히 깨치게 되었습니다. 깨치고 보니 자기는 전생의 마랑으로서 관음보살인 보덕각시 때문에 보문품과 금강경과 법화경을 읽었고, 그 각시가 죽은 다음에 스님이 되어 돌아다니다가 이 굴에 오게 되었으며 이 굴속에서도 공부를 하였던 사실을 깨치게 되었습니다. 그래서 그 안을 파고 보니 그 보덕각시의 화신으로서 죽은 다음에 노승의 가르침에 의하여 묘를 파서 얻은 금신불상을 모시고 다니다가 이곳에 두었던 것이 발견되었고 또 그 때에 쓰던 향로며 촛대와 경책이 모두 나왔습니다.

그래서 이것을 본 회정대사는 이곳에다가 절을 지어서 다시 그 관음불상을 모시고 공부하고 있게 된 바 관음보살의 응화신인 보덕각시를 만나 본 것이라 하여 절 이름을 보덕굴 보덕암이라고 일컬으며 지금까지 전설로 전해 내려오게 되었습니다. 참으로 불교신앙이 아니고는 볼 수가 없는 신기한 이야기라고 하겠습니다. 누가 지나 당나라 협서성의 한 지방에서 맺여진 인연이 조선 강원도 양구 방산면 산중에서 삼 년을 살고 마지막 금강산 만폭동에 와서 그칠 줄을 알았겠습니까? 몰골옹은 그 때에 무덤을 파내게 했던 늙은 스님은 보현보살이요, 해명방은 보덕각시의 어머니라고 하는 분은 문수보살이요, 보덕각시는 역시 관세음보살 이였습니다. 그러니까 문수보살은 전생에 장모였다가 이 생애는 장인으로서 회정대사를 제도 하셨습니다.

제4장

관음신앙의 역사

인도의 관음신앙

 범어식 이름으로 아발로 키테스 바라인 관음신앙은 원래 인도에서 맨 먼저 일어난 것이니 대승 경전인 '법화경'이 성립되기 이전부터 그 신앙이 일반적으로 세상에 널리 알려진 것으로 짐작된다. 그러나 관음신앙이 일정한 모습을 갖추게 된 것은 '법화경'이 성립된 이후부터라고 한다.
 용수 보살이 저작한 '대지도론'에 '법화경' 가운데 있는 관음에 대한 법문을 인용하여 쓴 것이 있는데, 용수가 서기 150년에서 250년 사이의 사람인 점을 감안할 때 '법화경'의 성립은 서기전으로 추측되며, 또한 '아미타경'의 성립이 서기 1세기로 보고 있는 점을 보더라도 인도의 관음신앙은 기원전, '법화경'이 성립되기 이전에 이미 유행이 되었던 것으로 추정된다.

중국의 관음신앙

중국에서 관음신앙의 시작은 서진 때 많은 명승(불도징, 구마라습, 도안법현, 달마 등)이 배출되었는데 법호가 '정법화경'을 번역함으로써 기원이 됐는데, 관음정경인 '관세음보살보문품'이 이 '법화경' 가운데 들어 있어서 관음신앙은 더욱 융성하게 되었다고 한다. 이 법화경의 번역은 여덟 번이나 되었다 하는데, 현재 세 가지의 역문이 전하고 있으며, 구마라습이 번역한 유마경, 아미타경, 묘법연화경이 대표적인 것이며 법화종과 삼론종을 성립시켰는데 그중 '묘법연화경'이 가장 널리 알려져 있다. 그런데 이 경 가운데 '관세음보살보문품'이 들어 있어서 관음신앙은 민간신앙으로서 세상에 널리 전파될 수 있었다.

한국의 관음신앙

　한국에서 관음신앙의 시작은 불교가 처음으로 전래된 시기와 때를 같이 하여 세상에 널리 알려지게 되었을 것이나, 정확한 문헌적 근거는 현재 존재하지 않고 '삼국유사'에 몇 편의 기록만이 전해 오고 있을 따름이다.

　'삼국유사'를 보면 한국 관음신앙이 알려지게 된 경위가 대강 나타나는데 그 기록에 따르면 경주의 중생사, 백률사, 민장사, 분황사의 관음상에 얽힌 영험담은 그대로 관음신앙을 실증하고 있으며, 낙산사 이대성의 이야기와 함께 관음신앙의 발상, 전개의 발자취를 보여주고 있는 것이다.

제5장

부 록

신묘 장구 대다라니

관세음보살 보문품 해석

신묘장구대다라니 神妙章句大陀羅尼

　　나모라 다나다라 야야 나막알약 바로기제 새바라야 모지사다바야 마하사다바야 마하가로 니가야 옴살바 바예수 다라나가라야 다사명 나막가리다바 이맘 알야바로기제 새바라 다바 니라 간타 나막 하리나야 마발타 이사미 살발타 사다남 수반 아예염 살바 보다남 바바말아 미수다감 다냐타 옴 아로계 아로가 마지로가 지가란제 혜혜하레 마하모지 사다바 사마라 사마라 하리나야 구로구로 갈마 사다야 사다야 도로도로 미연제 마하미연제 다라다라 다린 나례 새바라 자라자라 마라 미마라 아마라 몰제 예혜혜 로계새바라 라아미사미 나사야 나베 사미사미 나사야 모하자라 미사미 나사야 호로 호로 마라호로 하례 바나마 나바 사라사라 시리시리 소로소로 못쟈못쟈 모다야 모다야 매다리야 니라간타 가마사 날사남 바라 하라나야 마낙 사바하 싯다야 사바하 마하 싯다야 사바하 싯다유예 새바라야 사바하 니라 간타야 사바하 바라하목카 싱하목카야 사바하 바나마 하따야 사바하 자가라 욕다야 사바하 상카섭나네 모다나야 사바하 마하라 구타 다라야 사바하 바마사간타 니사시체다 가릿나 이나야 사바하 먀가라 잘마 이바 사나야 사바하.

『나모라 다나다라 야야 나막알야 바로기제 새바라야 사바하』(세번)

관세음보살보문품 해석

 이때에 무진의보살이 곧 자리에서 일어나서 오른쪽 어깨를 드러내고 부처님께 향하여 합장하고 이렇게 아뢰었다.
 『세존이시여! 관세음보살은 무슨 인연으로 관세음이라고 하나이까?』
 부처님께서 무진의보살에게 말씀하시되.
 『선남자야 만약 한량없는 백 천 만억 중생이 여러 가지 괴로움을 받을 때에 관세음보살의 이름을 듣고 한 마음으로 그 이름을 부르면 관세음보살은 즉시 그 음성을 듣고 모두 해탈을 얻게 하나니라. 만약 관세음보살의 이름을 지니는 사람은 가령 큰 불 속에 들어가더라도 불타지 않을 것이니 이것은 관세음보살의 위신력 때문이며 혹 큰물에 떠내려가게 되더라도 그 명호를 부르면 곧 얕은 곳에 이르게 될 것이며 만약 백 천 만억 중생이 금·은·유리·자거·마노 산호·호박·진주 등의 보배를 구하기 위하여 큰 바다에 들어갔을 때 갑자기 폭풍으로 그 배가 표류하여 나찰귀의 나라로 떠내려가게 되었더라도 그 가운데 한 사람이라도 관세음보살의 명호를 부르는 이가 있다면 다른 사람들까지 다 나찰의 환난에서 벗어나게 될 것이니 이러한 인연으로 관세음이라 하느니라.

만약 어떤 사람이 상해를 입게 되었을 때 관세음보살을 부르면 그들이 가진 칼과 흉기는 조각조각 부서져 위기에서 벗어날 수 있으며, 만약 삼천 대천세계에 야차와 나찰들이 가득하여 사람들을 괴롭힐지라도 관세음보살의 명호만 부르면 이 모든 악귀가 악한 눈으로 쳐다보지도 못할 것이니 하물며 다시 해칠 수 있겠는가!

　만약 어떤 사람이 죄가 있거나 없거나 쇠고랑을 차고 칼을 쓰며 몸이 쇠사슬에 묶이었어도 관세음보살의 명호만 부르면 다 끊어지고 부서져서 위기에서 벗어나게 될 것이다.

　만약 삼천 대천세계에 흉한 도적이 가득 찾는데 어떤 상인이 여러 상인을 데리고 귀중한 보물을 가지고 험한 길을 지나 갈때 그 가운데 한 사람이 말하기를, '선남자들이여, 두려워하지 말라. 그대들이 한 마음으로 관세음보살의 명호를 부르면 관세음보살님은 중생에게 두려움이 없게 해주실 것이며 그대들이 관세음보살의 명호를 부르면 도적들에게서 벗어나게 될 것이다'하여 여러 상인들이 이 말을 듣고 모두 소리내어 '나무 관세음보살'하고 부르면 그 이름을 부름으로써 해탈을 얻게 되느니라. 무진의야! 관세음보살의 싱그러운 위력의 드높음이 이와 같으니라.

　만약 어떤 중생이 음욕이 많을지라도 항상 관세음보살을 생각하고 공경하면 곧 그 음욕을 여의게 되며, 만약 성내는 마음이 많을지라도 항상 관세음보살을 생각하고 공경하면 곧 성내는 마음을 여의게 되며, 만약 어리석을지라도 항상 관세음보살을 생각하고 공경하면 곧 어리석음을 여의게 될 것이니 무진의야! 관세음보살은 이와 같은 큰 위 신력이 있어서 이롭고 풍요롭게 하는 일이 많으니 그러므로 중생들은 항상 마음으로 생각할지니라.

　만약 어떤 여자가 아들을 얻기 위해 관세음보살에게 예배 공양하면 곧 복덕과 지혜를 갖춘 아들을 낳을 것이며, 딸을 얻고자 한다면 단정하고 예쁜 딸을 낳을 것이니 전생에 덕을 심었으므로 많은 사람이 사랑하고 공경할 것이다. 무진의야! 관세음보살의 위력은 이와 같느니라.』

만약 어떤 중생이 관세음보살을 공경 예배하면 그 복은 헛되지 않을 것이니라. 그러므로 중생은 모두 다 관세음보살의 명호를 받아 지녀야 하느니라. 무진의야! 만약 어떤 사람이 육십 이 억 항하의 모래수처럼 많은 보살의 이름을 받아 지니고 다시 목숨이 다 하도록 음식·의복·침구·의약으로 공양하면 그대는 어떻게 생각하는가?

이 선남자와 선여인의 공덕이 많다고 생각하는가?

무진의가 아뢰었다.

『아주 많습니다. 세존이시여!』

부처님이 말씀하셨다.

『만약 어떤 사람이 관세음보살의 명

호를 받아 지니고 한 번이라도 예배 공양하였다면 이 두 사람의 복이 꼭 같고 다름이 없어서 백 천만억겁에 이르도록 다함이 없을 것이니라.

『무진의야! 관세음보살의 명호를 받아 지니면 이와 같이 한량없고 그지없는 복 덕의 이익을 얻을 것이다.』

무진의 보살이 부처님에게 아뢰었다.

『세존이시여 관세음보살이 어떻게 사바세계에 노닐며 어떻게 중생을 위해 설법하고 그 방편의 힘은 어떠하나이까?』

부처님이 무진의 보살에게 말씀하시되.

『선남자야! 만약 어떤 국토의 중생이 부처님 몸으로 나투어 제도할 사람은 관세음보살이 곧 부처님으로 현신하여 설법하고, 벽지불의 몸으로 나투어 제도할 사람은 곧 벽지불로 현신하여 설법하며, 성문의 몸으로 나투어 제도할 사람은 곧 성문으로 현신하여 설법을 설하고, 범천왕의 몸으로 나투어 제도할 사람은 곧 범천왕으로 현신하여 설법하며, 제석천왕의 몸으로 나투어 제도할 사람은 곧 제석천왕으로 현신하여 설법 하고, 자재천왕의 몸으로 나투어 제도할 사람은 곧 자재천왕으로 현신하여 설법하고, 대자재천으로 나투어 제도할 사람은 곧 대자재천으로 현신하여 설법하고, 하늘대장군의 몸으로 나투어 제도할 사람은 곧 하늘대장군으로 현신하여 설법하며, 비사문의 몸으로 나투어 제도할 사람은 곧 비사문으로 현신하여 설법하며 작은 나라의 임금으로 나투어 제도할 사람은 곧 작은 나라 임금으로 현신 하여 설법하고, 장자의 몸으로 나투어 제도할 사람은 장자로 현신 하여 설법하며, 거사의 몸으로 나투어 제도할 사람은 곧 거사로 현신 하여 설법하고, 재상의 몸으로 나투어 제도할 사람은 곧 재상으로 현신하여 설법하며, 바라문의 몸으로 나투어 제도할 사람은 곧 바라문으로 현신하여 설법하고, 비구·비구니·우바새·우바이의 몸으로 나투어 제도할 사람은 곧 비구·비구니·우바새·우바이로 현신하여 설법하며, 장자·거사·바라문·부녀자의 몸으로 나투어 제도할 사람은 곧 그 장자·거사·바라문부녀자의 몸으로 현신하여 설법하며, 동남동녀의 몸으로 나투어 제도할 사람은 곧 동남동녀의 몸으로 현신하여 설법하며, 천룡·야차·건달바·아수라·가루라·긴나라·마후라가 사람과 사람 아닌 것 등의 몸으로 나투어 제도할 자는 곧 다 그것으로 나타나서 설법하고, 집금강신의 몸으로 제도할 자는 곧 집금강신으로 현신하여 설법하나니.

무진의야! 이 관세음보살은 이와 같이 공덕을 성취하여 가지가지 형상으로 모든 세계를 노닐면서 중생을 제도하여 해탈케 하나니 너희들은 응당히 일심으로 관세음보살을 공양해야 하느니라.

관세음보살마하살은 두렵고 급한 환란이 닥쳤을 때 그 두려움과 환란을 없애주나니 그러므로 사바세계에서 모두 다 부르기를 '두려움 없음을 베푸는 이'라고 하느니라.』

무진의보살이 부처님에게 말하되,

『세존이시여! 제가 이제 관세음보살님께 공양하겠습니다.』하고 많은 보배구슬과 영락으로 된 백 천량의 금값에 해당하는 목걸이를 끌러 바치고 말하였다.

『어지신 이시여 법 보시로서 진주보배와 영락을 받으소서.』

이때에 관세음보살은 그것을 기꺼이 받지 않으시니 무진의는 다시 관세음보살에게 말하기를

『어지신 이시여! 저희들을 불쌍히 여기시고 이 영락을 받으소서.』

이때에 부처님이 관세음보살에게 말씀하시되.

『이 무진의 보살과 사부 대중과 천룡·야차·건달바·아수라·가루라·긴나라·마후가라와 사람과 사람 아닌 것에 이르기까지 불쌍히 여겨 이 영락을 받으라 하시니.』

그때에 관세음보살이 사부대중과 천룡 사람과 사람 아닌 것에 이르기까지 불쌍히 여기고 그 영락을 받아 둘로 나누어 한개는 석가모니 부처님께 바치고 한 몫은 다보불탑에 바치었다.

부처님께서는 말씀하셨다.

『무진의야! 관세음보살은 이와 같이 자유자재한 신통력으로 저 사바세계에 유유자적하나니라.』

이때에 무진의보살이 계송으로 여쭈었다.

『묘상을 모두 갖추신 세존이시여 제가

이제 거듭 여쭙니다. 불자와 무슨 인연으로 관세음보살이라 부르나이까?』

묘상을 갖추신 세존께서 계송으로 무진의에게 답하기를.

『그대여 들으라 관음의 높은 행
시방의 곳곳에 맞게 응하여
그 서원 크고 깊기 큰바다 같고
길고도 기나긴 겁 지나가도록
천억의 거룩한 부처님 모시고
크고도 깨끗한 원 세웠느니라.

내 이제 너 위해 간략히 설하리니
그 이름을 듣거나 그를 친견하여
마음으로 공경하고 잊지 않으면
능히 모든 괴로움 다 멸하리라.

가령 해치려는 마음 일으켜서
크나큰 불구덩이에 밀어 넣어도

관음을 생각하는 그 힘 때문에
불구덩은 변하여 연못이 되고,

만약 큰 바다에 표류하여서
용이나 귀신의 환란 만나도
관음을 생각하는 그 힘 때문에
거치른 파도에 빠지지 않으며

만약에 수미봉에 올라 있다가
절벽에서 원수에게 떠밀리어도
관음을 생각하는 그 힘 때문에
해와 같이 허공에 머물게 되고,

설사 악독한 사람에게 쫓겨
금강산 험한 곳에 떨어지더라도
관음을 생각하는 그 힘 때문에
털끝 하나도 다치지 아니하며

만약에 원적들이 에워싸고서

가진 칼끝으로 해치려 해도
관음을 생각하는 그 힘 때문에
원적들 자비스런 마음을 내며,

국법을 위반하여 형벌을 받고
형장에서 목숨을 마치게 되어도
관음을 생각하는 그 힘 때문에
칼날이 조각조각 부서지리라.

만일 감옥에 갇혀 칼 씌우고
손발에 쇠고랑 채여 있어도
관음을 생각하는 그 힘 때문에
자연히 풀려남을 얻을 것이요

저주와 그 모든 독한 약으로
이 몸을 해하려는 자가 있어도
관음을 생각하는 그 힘 때문에
도리어 본인에게 돌아가리라.

만일 생활하다 모진 나찰과
독룡과 모든 귀신 만날지라도
관음을 생각하는 그 힘 때문에
모두 나를 해치지 못하게 되고

만일 맹수에게 둘러 싸여서
이와 발톱 날카로워 두려울 때도
관음을 생각하는 그 힘 때문에
재빨리 정처 없이 달아나리라.

사나운 독사와 지네를 만나
불꽃같은 독으로 해하려 해도
관음을 생각하는 그 힘 때문에
소리같이 저절로 달아나며

구름 쌓여 번개 뇌성 벽력과 같고
우박과 큰비가 쏟아지어도
관음을 생각하는 그 힘 때문에
때에 응하여 소산되리라.

중생이 곤함과 재앙을 당하여
한량없는 괴로움을 당할지라도
관음의 신묘한 지혜의 힘으로
세간의 온갖 고통 구해 주시니라.

승묘한 신통력을 고루 갖추고
지혜의 방편력을 두루 하여서
시방세계 모든 국토 어느 곳에든
그 몸을 나투지 않는 곳 없나니

가지가지의 모든 악취들과
지옥·아귀·축생들까지도
생·노·병·사의 모든 괴로움을
점차로 모두 다 멸하느니라.

진실로 관하고 청정을 과하며
넓고 큰 지혜로 관할 것이며
대비와 대자로 관하게 됨을

항상 원하고 우러러보리.

티 없이 깨끗한 청정한 그 빛
어둠을 없애 주는 지혜의 해여
바람과 불의 재앙을 조복하여
온 세상 두루 다 비춰 주리라.

자비의 계행은 우뢰의 진동
자비로운 마음은 큰 구름이라
감로의 법비를 촉촉이 내려
번뇌의 불꽃을 꺼 버리나니.

관청에 쟁송을 당할지라도
두려움 속에 있을 지라도
관음을 생각하는 힘이 있으면
원망과 원수들은 흩어지리라.

세간을 관하는 저 묘한 음성
범천과 조수의 음성 같아서

세간의 미혹을 초월한 음성
언제나 생각하고 염불하여라.

생각 생각마다 의심치 말라
관세음 거룩한 성인이 있어
온갖 고뇌와 죽음의 액난에도
능히 의지하며 믿을 분이 되니라.

일체의 공덕을 모두 갖추어
자비의 눈으로 중생을 보며
그 복이 바다처럼 한량없으니
마땅히 예경 하고 존중하여라.』

이 때에 지지보살이 곧 자리에서 일어나 부처님 앞에 나아가 합장하고 아뢰기를

『세존이시여! 만약 어떤 중생이 이「관세음보살 보문품」의 여러 방편으로 나투시는 신통력을 듣는 사람은 그 공덕이 적지

않겠습니다.』
　부처님께서 이 「보문품」을 설하실 때 대중가운데 팔만사천 중생이 다 「무등등 아뇩다라 삼먁 삼보리」의 마음을 일으켰느니라.

초발심자를 위한
관세음보살기도법

지은이 하일 스님
펴낸이 김재광

펴낸곳 도서출판 솔과학
서울 종로구 청진동 276-1 계진빌딩5층 503호
전화 (02)722-9780(직) 팩스 (02)732-9787

출판등록 1997년 2월 22일/제 10-1402호
3판발행 2000년 10월 25일
3판인쇄 2000년 10월 30일

값 5,000원